COLEG MENAI

BANGOR GWYNEDD LL57 2TP

GWEL_____U

I

BARDD CWSC

ELLIS WYNNE

Gyda Rhagymadrodd gan

ANEIRIN LEWIS

LLYFRGELL COLEG MENAI LIBRARY

SAFLE FFORDD FFRIDDOEDD ROAD SITE

BANGOR GWYNEDD LL57 2TP

CAERDYDD
GWASG PRIFYSGOL CYMRU
1976

058904

Argraffiad cyntaf 1960

Ail argraffiad, gydag ychwanegiadau, 1976

Adargraffwyd 1988, 1994

ⓗ Prifysgol Cymru, 1976

ISBN 0-7083-0290-4

Cedwir pob hawl. Ni cheir atgynhyrchu unrhyw ran o'r
cyhoeddiad hwn na'i gadw mewn cyfundrefn adferadwy na'i
drosglwyddo mewn unrhyw ddull na thrwy unrhyw gyfrwng
electronig, mecanyddol, ffoto-gopïo, recordio, nac fel arall,
heb ganiatâd ymlaen llaw gan Wasg Prifysgol Cymru,
6 Stryd Gwennyth, Cathays, Caerdydd, CF2 4YD.

Mae cofnod catalogio'r llyfr hwn ar gael gan y
Llyfrgell Brydeinig.

Cyhoeddwyd ar ran y Bwrdd Gwybodau Celtaidd.

Cynllun y clawr gan Design Principle, Caerdydd
Adargraffwyd yng Nghymru gan Wasg Dinefwr, Llandybïe, Dyfed

RHAGAIR

Ysgrifennwyd y Rhagymadrodd i'r argraffiad hwn o *Gweledigaetheu y Bardd Cwsc* ar gais Bwrdd Gwasg Prifysgol Cymru. Bwriedir ef yn bennaf ar gyfer disgyblion dosbarthiadau uchaf yr ysgolion gramadeg, ac nid amcenir at wneuthur dim mwy ynddo na goleuo ychydig ar gefndir llenyddol a hanesyddol y llyfr. Ychwanegir llyfryddiaeth fer ar y diwedd, a gall pawb fynd at honno am drafodaethau helaethach ar wahanol agweddau ar fywyd a gwaith Ellis Wynne.

Rhoddir y testun yn union fel y ceir ef yn argraffiad Syr John Morris-Jones (Bangor, 1898). Dilynodd ef yr argraffiad cyntaf (Llundain, 1703), lythyren am lythyren, llinell am linell, a thudalen am dudalen. Gan mai argraffiad ysgol ydyw hwn yn bennaf, barnwyd mai gorau peth ydoedd cywiro'r gwallau argraffu amlycaf. Cyfeiriodd Syr John at y rhan fwyaf ohonynt yn y nodiadau sydd ar ddiwedd ei argraffiad ef.

Wrth fynd i'r wasg, dymunaf ddiolch yn ddiffuant i'r Athro A. O. H. Jarman am lawer o gefnogaeth a chyfarwyddyd, ac i Mr. Ieuan M. Williams am ei hynawsedd a'i ofal mawr.

Aneirin Lewis.

Coleg y Brifysgol,
Caerdydd.

CYNNWYS

RHAGYMADRODD

Cyhoeddwyd *Gweledigaetheu y Bardd Cwsc* gyntaf yn 1703, ac ymddangosodd yn gyson byth oddi ar hynny, gan ennill iddo'i hun le diamheuol sicr fel un o brif glasuron llenyddiaeth Gymraeg. Bu dros ddeg argraffiad ar hugain ohono, ac nid oes ond ychydig o lyfrau Cymraeg eraill, megis y *Beibl* a'r *Llyfr Gweddi Gyffredin* a *Hyfforddwr* Thomas Charles, a adargraffwyd yn amlach. Dyna fesur ei boblogrwydd a'i ddylanwad. Er nad oedd enw'r awdur wrth yr argraffiad cyntaf, nac yn wir wrth yr un o'r wyth adargraffiad a ymddangosodd yn y ddeunawfed ganrif, eto, yr oedd yn hysbys ddigon mai Ellis Wynne ydoedd y 'Bardd Cwsc'.

Ganed Ellis Wynne ar y seithfed o Fawrth, 1671, yn y Lasynys, plasty bychan yn ymyl Harlech, ac yr oedd yn hanfod, o du ei dad a'i fam, o rai o hen deuluoedd bonheddig Ardudwy ac Eifionydd. Nid oes ar gael unrhyw fanylion am ugain mlynedd cyntaf ei fywyd, ac felly, ni wyddys ymha le y cafodd ei addysg gynnar. Er hynny, o gofio am draddodiad llenyddol cyfoethog Ardudwy, a oedd yn dal i ffynnu'n fywiog hyd yn oed yn niwedd yr ail ganrif ar bymtheg, diau i Ellis Wynne gael cyfle, pan oedd yn ifanc, i ymgydnabod â chrefft y bardd a'r llenor, ac iddo etifeddu llawer o'r hen ddysg draddodiadol. Yna, yn 1692, pan oedd yn un ar hugain mlwydd oed, ymaelododd yng Ngholeg Iesu, Rhydychen, ond eto, nid oes fawr ddim yn hysbys am ei yrfa yno. Ni cheir cofnod swyddogol yn tystio iddo ennill gradd, er y digwydd B.A. ac M.A. ar ôl ei enw yn rhai o gofrestri Esgobaeth Bangor. Yn naturiol, daeth i gysylltiad ag Edward Lhuyd, yr ysgolhaig enwog, a oedd ar y pryd yn Geidwad Amgueddfa Ashmole, ac a ddylanwadai'n drwm ar Gymry ifainc a ddeuai'n fyfyrwyr i'r Brifysgol, gan ennyn eu diddordeb yn hanes Cymru, ei hynafiaethau, a'i thraddodiad llenyddol. Ni wyddom faint yn hollol o ddylanwad a gafodd ar Ellis Wynne, ond parhaodd y ddau i gyfathrachu rhyw gymaint â'i gilydd, fel y dengys cyfeiriadau yn llythyrau Edward Lhuyd. Yn

1701, pan oedd Ellis Wynne yn dychwelyd i Gymru ar ôl ymweled â Llundain, cyfarfu â Lhuyd, ac un o'r pynciau a drafodwyd ganddynt oedd y llawysgrifau Cymraeg a gedwid yn Llyfrgell yr Hengwrt, ger Dolgellau. Yna, yn 1703, cawn hanes am Lhuyd yn prynu copi o'r *Bardd Cwsc* am swllt, sef pris y llyfr, yn ôl pob tebyg, pan gyhoeddwyd ef gyntaf.

Ar ôl ymadael â Rhydychen, tua 1695 neu 1696 o bosibl, tywyll eto ydyw hanes Ellis Wynne am nifer o flynyddoedd. Dywed traddodiad iddo fod yn gyfreithiwr, ond pa un ai gwir hynny ai peidio, y tebyg yw mai gartref yn y Lasynys y treuliodd y rhan fwyaf o'r amser, yn byw bywyd uchelwr bychan ac yn ymddiddori yn helyntion y fro. A chan ei fod o dueddfryd llenyddol, câi ddigon o hamdden i ddarllen a myfyrio, oherwydd nid oes un amheuaeth nad oedd yn ŵr o gryn ddysg, fel y prawf ei ddau brif waith llenyddol, a gyfansoddwyd yn y cyfnod hwn, sef *Rheol Buchedd Sanctaidd* (1701), ei gyfieithiad rhagorol o *The Rule and Exercises of Holy Living* o waith yr Esgob Jeremy Taylor, ac wrth gwrs, *Gweledigaetheu y Bardd Cwsc* (1703). Yn wir, ar ôl cyhoeddi'r ddau lyfr yma, ac yntau dros ei ddeng mlwydd ar hugain, y penderfynodd gymryd urddau eglwysig a gwasanaethu ei gymdogaeth fel offeiriad. Cafodd fywoliaeth Llandanwg a Llanbedr yn 1705, ac yn 1711, fywoliaeth Llanfair Harlech, lle y bu'n gwasanaethu hyd ei farw ar y trydydd ar ddeg o Orffennaf, 1734, gan drigo ar hyd yr amser yn ei gartref yn y Lasynys. Bu hefyd yn briod ddwywaith. Ei wraig gyntaf oedd Lowri Wynne, o Foel-y-glo, Llanfihangel y Traethau, a briododd ym Medi, 1698, ond bu hi farw ar enedigaeth plentyn yng Ngorffennaf, 1699. Priododd ei ail wraig, Lowri Llwyd, o'r Hafod Lwyfog, Beddgelert, yn Chwefror, 1702, a bu iddynt naw o blant, er mai pump ohonynt a dyfodd i oed. Bu hi farw yn 1720.

Er disgleiried ydoedd ei ddau gyfraniad i lenyddiaeth Gymraeg pan oedd yn lleygwr, nid ymddengys i Ellis Wynne barhau i ymarfer ei ddawn lenyddol wedi myned yn offeiriad. Gwir iddo gyflawni gwasanaeth gwerthfawr wrth olygu argraffiad 1710 o'r *Llyfr Gweddi Gyffredin*, lle y cynhwysodd ar dudalen 'weili ac oferwag' ei emyn mwyaf adnabyddus, 'Hymn-Canhebrwng neu Wylnos', sy'n dechrau â'r pennill:

Myfi yw'r Adgyfodiad mawr,
Myfi yw Gwawr y Bywyd;
Caiff pawb a'm crêd, medd f'Arglwydd cry'
Er trengu, fyw mewn eilfyd.

Yna, yn 1755, cyhoeddodd ei fab ieuangaf, Edward Wynne, lyfr yn dwyn y teitl *Prif Addysc y Cristion*, ac ynddo cynhwysir 'Esponiad byrr ar y Catecism' a 'Gweddieu iw harfer mewn Teuluoedd, ac i Ddynion neillduol ar eu pennau eu hunain; gŷda Hymneu a Charoleu Duwiol', o waith Ellis Wynne. Dyna, felly, gyfanswm ei lafur llenyddol, ond ceir hefyd yn y Llyfrgell Genedlaethol rai llythyrau o'i eiddo, copi o'i ewyllys, ynghyd â llawysgrifau a ysgrifennwyd ganddo neu a fu'n ei feddiant, eithr nid yw'r cyfan yn bwrw rhyw lawer o oleuni ar ei fywyd a'i ddiddordebau. Disgrifiodd Syr John Morris-Jones ef fel gŵr 'heb hanes', a diau na fyddai llawer o sôn amdano wedi ei farw onibai am y gamp anghyffredin a gyflawnodd wrth gyfansoddi *Gweledigaetheu y Bardd Cwsc.*

Y mae'r llyfr yn cynnwys tair gweledigaeth, sef 'Gweledigaeth Cwrs y Byd', 'Gweledigaeth Angeu yn ei Frenhinllys isa', a 'Gweledigaeth Uffern'. Anerchir y darllenydd ar y dechrau â llinellau o farddoniaeth ac ar ôl pob gwcledigaeth ceir penillion yn ymwneud â'u cynnwys ac wedi eu cyfansoddi i'w canu ar dair o geinciau adnabyddus. Cafodd Ellis Wynne yr enw 'Bardd Cwsc' yn yr hen farddoniaeth frud Gymraeg, oherwydd priodolir llawer o broffwydoliaethau, tebyg i'r rhai a briodolir i Fyrddin a Thaliesin, i hen fardd o'r enw 'Y Bardd Cwsg', a chyfeirir ato yng 'Ngweledigaeth Angeu' (tt. 60-61). Eithr er bod y weledigaeth fel ffurf lenyddol yn rhan o waddol pob gwlad ac iaith, ac yn arbennig boblogaidd yn yr Oesoedd Canol, eto, gweledigaethau llenor o Sbaen, Quevedo, a ysbrydolodd Ellis Wynne yn uniongyrchol i gyfansoddi'r *Bardd Cwsc*, a benthyciodd hefyd lawer o'i ddeunydd oddi wrtho. Mewn llythyr a ysgrifennodd Humphrey Foulkes o Lan Sant Siôr, Sir Ddinbych, at Edward Lhuyd yn Rhydychen, ar y 27ain o Dachwedd, 1702, dywedir:

'Mr. Ellis Wynne of Harlech promises us his Bardd Cusc very shortly which is in imitation of Don Quevedo. No

COLEG MENAI
BANGOR, GWYNEDD LL57 2TP

question but it will be very acceptable to our Countrymen
who have been so long used to Hên Chwedleu. Tom
Browns letters from ye dead &c together with old Lucian
will give him sufficient hints & he is resolved to adapt all
to ye Humour of ye Welsh.'

Y mae'r geiriau hyn yn bwrw goleuni ar rai o'r dylanwadau
a fu ar Ellis Wynne ac yn egluro pa beth y ceisiai ei gyflawni
wrth gyfansoddi'r *Bardd Cwsc*. Ac fel yr awgrymir, y prif
ddylanwad ydoedd Quevedo.

Cyfrifir Don Francisco Gomez de Quevedo Villegas
(1580-1645) yn un o feirdd a llenorion mwyaf amryddawn
Sbaen. Ysgrifennai yng nghyfnod machlud Sbaen fel gallu
mawr, pan oedd y wlad yn dechrau ymdlodi'n faterol ac yng
ngafael dirywiad moesol enbyd, yn enwedig ymhlith y
dosbarthiadau uchaf ac arweinwyr a swyddogion y bywyd
cyhoeddus. Cynhyrfwyd Quevedo gan ddicter moesol oher-
wydd yr hyn a welai ac ysgogwyd ef i ddefnyddio'i ddawn fel
llenor i geisio sobreiddio ei gydwladwyr cyn i'r drwg ymledu
a gwreiddio'n ddyfnach. Gan na allai feirniadu'n agored ond
ar berygl ei fywyd, un o'r dulliau a ddefnyddiodd ydoedd y
'freuddwyd-weledigaeth', ynghyd ag arddull y dychanwr,
dyfeisiau a fu erioed yn hwylus i lenorion a fynnai feirniadu'n
anuniongyrchol agweddau ar fywyd eu cyfnod. Cyfansoddodd
bump o weledigaethau, a dau ddarn arall—a nodir isod fel
'Vision of Loving Fools' a 'Vision of Hell Reformed'—sy'n
dal perthynas â hwy eithr nid yn 'weledigaethau' yn yr un
ystyr â'r lleill. Ni chynlluniodd hwy fel un cyfanwaith ond eu
hysgrifennu ar wahanol adegau rhwng 1606 a 1627, gan
ddosbarthu copïau mewn llawysgrif i'w gyfeillion a'i elynion
fel ei gilydd, i ddiddanu'r naill ddosbarth ar draul gwawdio'r
llall. Yna, casglodd hwy ynghyd a'u cyhoeddi yn 1627-28, a
daethant yn boblogaidd ar unwaith. Ynddynt, ceir disgri-
fiadau bwrlesg o'r byd, o Uffern, ac o'r Farn Olaf, gan
bortreadu teipiau a dosbarthiadau o bobl heb enwi neb yn
benodol, a chystwyir yn ddiarbed holl wendidau a ffolinebau
a gwyrni moesol dynion mewn iaith liwus, ddigri a dychanol.
Yng ngeiriau Mr. Charles Duff: 'The "Visions"—*Los
Sueños*—were his sermons to all classes of corrupt officials,
effete judges and magistrates, dishonest lawyers, ignorant

doctors, and a host of others who in one way or another strayed from the paths of virtue, decent behaviour and good morals'. Diau, felly, fod *Sueños* Quevedo yn feirniadaeth ar agweddau ar fywyd Sbaen yn chwarter cyntaf yr ail ganrif ar bymtheg, ac y mynnai ef ddiwygio ei gymdeithas trwy fwrw goleuni llachar ar ei hafiechyd moesol. Eithr oherwydd bywiogrwydd a threiddgarwch ei ddadansoddiad o'r natur ddynol, y mae i'w weledigaethau apêl gyffredinol sy'n eu codi uwchlaw cyfnod a gwlad.

Nid yn uniongyrchol o'r Sbaeneg y benthyciodd Ellis Wynne ei ddefnyddiau ar gyfer y *Bardd Cwsc*, eithr o'r cyfieithiad Saesneg mwyaf poblogaidd o'r *Sueños*. Gwaith Syr Roger L'Estrange (1616-1704) ydoedd hwn, a dyma'r teitl: *The Visions of Dom Francisco de Quevedo Villegas, Knight of the Order of St. James. Made English by R.L.* London . . . 1667. Adargraffwyd y cyfieithiad hwn yn 1667, 1668, 1671, 1673, 1688, 1689, 1696, a 1702, ac y mae hyn yn dangos pa mor boblogaidd yr oedd Quevedo yn ei wisg Saesneg yn Lloegr yn niwedd yr ail ganrif ar bymtheg. Perthynai L'Estrange i ddosbarth o lenorion yn Llundain, awduron megis Tom Brown, Ned Ward, a llawer o rai eraill, a ymhyfrydai yn y gwaith o ysgrifennu dychan ar fywyd a moesau eu gwlad a'u hoes. Dyma'r 'Cockney School of writers of burlesque and translators'. Un o'u hoff ddulliau oedd cymryd llyfrau o ieithoedd eraill, eu lled-gyfieithu, a chyfaddasu eu cynnwys i gyfateb i amgylchiadau'r cyfnod yn Lloegr. Nodwedd arall ar y cyfieithwyr hyn oedd iddynt ddefnyddio, nid yr iaith lenyddol Saesneg, ond iaith strydoedd a thafarnau Llundain, slang y ddinas yn y cyfnod. Dyna'n union a wnaeth L'Estrange â *Sueños* Quevedo, a'r canlyniad yw fod ei *Visions* yn darllen fel gwaith gwreiddiol ac nid fel cyfieithiad. Yn wir, y mae'n bosibl nad yn uniongyrchol o'r Sbaeneg y cyfieithodd L'Estrange, eithr o gyfieithiad Ffrangeg Sieur de la Geneste, a adargraffwyd yn aml ar ôl ei gyhoeddi gyntaf yn 1633. Beth bynnag, er na throsodd L'Estrange yn llythrennol a chywir, y farn ymhlith ysgolheigion ydyw fod ei gyfieithiad yn cyfleu naws ac awyrgylch y gwreiddiol yn well nag unrhyw gyfieithiad arall. Ar yr un pryd, yr oedd yn adlewyrchu bywyd yn Lloegr fel y gwelai L'Estrange ef yn

ei gyfnod, er nad yw hyn mor benodol ag y tybir yn gyffredinol,
ac erys ynddo lawer o awyrgylch Sbaen.

Visions L'Estrange, felly, a ddefnyddiodd Ellis Wynne yn
sail wrth iddo ysgrifennu'r *Bardd Cwsc*. Eithr nid yw'n cyfl-
wyno L'Estrange yn ei grynswth megis y gwnaeth L'Estrange
â Quevedo, ond er hynny mae ei ddyled iddo yn helaeth a
phwysig. Dangosodd Syr John Morris-Jones a Mr. Saunders
Lewis natur a maint y ddyled hon, ac nid rhaid nodi'r holl
fanylion yma. Ceir yn llyfr L'Estrange y saith weledigaeth a
gyfansoddodd Quevedo, ac y mae teitlau tair ohonynt yn
cyfateb i deitlau Ellis Wynne, sef 'The Fifth Vision of the
World', 'The Second Vision of Death and her Empire', a
'The Sixth Vision of Hell'. Benthyciodd hefyd gryn dipyn o
gynnwys y tair, megis, er enghraifft, y disgrifiad o Lys Rhag-
rith a'r angladd &c. (tt. 27-31); yr angheuod bach (tt.
56-59), '*Rhywun*' (tt. 63-64), y rheini a gwynai oherwydd
angau dirybudd (t. 70); y bobl a ddywedai '*Gwae fi na baswn*'
a phobl '*y Cam-hyder*' (tt. 92-93), a'r ddau bendefig (tt.
96-99). Eithr ni chyfyngodd Ellis Wynne ei sylw i'r tair
gweledigaeth yma, ond benthyciodd ddarnau o'r lleill yn
ogystal. Er enghraifft, cafodd y syniad am Lys Cariad (tt.
25-26) o 'The Fourth Vision of Loving Fools', a daw'r
disgrifiad o'r barnu yn Llys Angau yn yr ail weledigaeth o
'The Third Vision of the Last Judgment'. Ac ar gyfer y
drydedd weledigaeth, defnyddiodd 'The First Vision of the
Algouazil (or Catchpole) possest' ac yn enwedig 'The
Seventh Vision of Hell Reformed'. Benthyciadau, er engh-
raifft, ydyw'r syniad am 'yr amheuthun mawr o *wenu* yn
Uffern' (t. 96), am y Brenin a gollodd ei ffordd i Baradwys
(t. 68) a'r 'llwyth o garcharorion' a wnaeth yr un modd (t.
117), am y gwrthryfel yn Uffern (t. 124), am y cythraul a
fu'n anfedrus yn y gwaith o demtio dynion (tt. 132-33), am
y cythreuliaid sy'n cynrychioli gwahanol ddrygau a dyfarniad
Lucifer arnynt ynghyd â phenodi '*Hawddfyd*' yn 'Rhaglaw
ddaiarol' iddo (tt. 135-47).

Gwelir, felly, fod llawer o gynnwys y *Bardd Cwsc* wedi ei
gymryd o *Sueños* Quevedo yng nghyfieithiad L'Estrange.
Eithr nid dyna'r unig ffynhonnell. Er enghraifft, dangosodd
Mr. Saunders Lewis fod ynddo adleisiau pendant o *Paradise*

Lost John Milton, megis yn y syniad am y 'Parliament uffernol' ac yn araith gyntaf Lucifer (tt. 106-108). Dangosodd hefyd fod dylanwad *Taith y Pererin* John Bunyan, yn ôl pob tebyg, ar y weledigaeth gyntaf, megis yn y disgrifiad o Ddinas Immanuel a hanes yr 'un dyn wynebdrist oedd yn rhedeg o ddifri' (t. 37), a dichon mai'r 'dref a elwid Gwagedd', a Ffair Wagedd, a awgrymodd i Ellis Wynne beth o gynllun y Ddinas Ddihenydd. Ac er i Syr John Morris-Jones ddywedyd yn bendant mai eiddo Ellis Wynne ydyw'r 'ohebiaeth rhwng Angeu a Lucifer yng ngweledigaeth Angeu', ni all fod amheuaeth na chafodd y syniad yn wreiddiol o lyfr arall gan Bunyan, sef *The Holy War*, lle y ceir gohebiaethau tebyg. Diau mai'r un llyfr hefyd a awgrymodd i Ellis Wynne y syniad am y rhyfel rhwng y Ddinas Ddihenydd a Dinas Immanuel yn y weledigaeth gyntaf. Llyfr arall y gellir canfod arwyddion o'i ddylanwad yw *Rheol Buchedd Sanctaidd*, yn arbennig yn y condemnio ar ddrygau megis balchder, anlladrwydd ac anonestrwydd. Ac nid yw'n annhebyg fod i'r *Bardd Cwsc* ffynonellau eraill yn ogystal, ond na ddaethpwyd o hyd iddynt eto. Y mae'n gwbl amlwg fod Ellis Wynne yn dra chyfarwydd â llenyddiaeth Saesneg diwedd yr ail ganrif ar bymtheg.

Gan fod cymaint o gynnwys y *Bardd Cwsc* wedi ei fenthyca, ar ba gyfrif, felly, y gellir ei ystyried yn waith gwreiddiol? Er mwyn ceisio egluro hyn, dylid cofio nad cyfieithu'n foel a wnaeth Ellis Wynne, eithr ail lunio'r defnydd a fenthyciodd yn ôl ei gynllun arbennig ef ei hun, ei gyfleu yn ei arddull ef ei hun, a gosod delw Gymreig ar y cyfan. Rhaid sylweddoli mai cwbl amherthnasol ydyw ei gyhuddo o lênladrad. Yr oedd ef yn byw mewn oes glasurol ei safonau, pan oedd efelychu'r clasuron yn rhan hanfodol o addysg pob bardd a llenor o bwys. Canlyniad hyn oedd rhoddi cymaint pwys ar gynllun a ffurf mewn llenyddiaeth, ynghyd â chelfyddyd y mynegiant, ag a roddid ar wreiddioldeb cynnwys. Nid oedd yn beth anghyffredin i lenor yn y cyfnodau hynny fenthyca ei ddefnyddiau a'u haildrefnu i'w bwrpas ef ei hun a llunio gwaith newydd. Cynnyrch cyfnod diweddarach, y cyfnod rhamantaidd a'i bwys ar unigolyddiaeth, oedd y galw am wreiddioldeb. Dyna pam y gellir gwrthod yn ddibetrus y chwedl a dyfodd yng Nghymru yn y ganrif ddiwethaf ddarfod i Ellis Wynne ysgrifennu Gweledigaeth y Nefoedd 'ond iddo daflu'r ysgrifen i'r tân mewn digllondeb oherwydd edliw o rywrai iddo mai cyfieithiad o weledigaethau Quevedo oedd y lleill'. Nid oes i'r chwedl hon sail o gwbl, fel y dengys y dyfyniad o lythyr Humphrey Foulkes uchod. Ac yng ngeiriau Mr. Saunders Lewis: 'Yn y ddeunawfed ganrif, clod yn hytrach nag anghlod i Ellis Wynne fuasai ddangos iddo ddilyn Quevedo'.

Un o'r rhesymau pwysicaf, felly, dros ystyried y *Bardd Cwsc* yn waith gwreiddiol ydyw'r arbenigrwydd sydd ar ei gynllun a'i ffurf, yn ogystal ag ar gelfyddyd y mynegiant neu'r arddull. Rhagoriaeth bennaf Ellis Wynne, yn ddiamau, ydyw ei allu cynlluniol, ei feistraeth ar ffurf, un o'r rhin-weddau sy'n cyfiawnhau ei alw'n awdur clasurol. Meddai Syr John Morris-Jones: 'y mae gwaith Quevedo'n wasgarog a didrefn, gwaith Elis Wyn yn drefnus a chryno; nid oes nemor i gynllun yn y naill, tra y mae'r llall megys wedi ei amgyffred fel cyfanwaith gan ei awdwr cyn ei ddechreu'. Efallai nad yw'r ddedfryd hon yn gwbl deg â'r *Sueños*, ond gwelir y peth yn glir o ddarllen cyfieithiad L'Estrange a'r *Bardd Cwsc* ochr yn ochr â'i gilydd. Y mae fel petai Ellis Wynne wedi gwasgu holl sylwedd saith weledigaeth Quevedo i mewn i'w dair gweledigaeth ef. Gan hynny, y mae llawer mwy o nod yr artist ar waith Ellis Wynne, ac y mae'r tair gweledigaeth yn gampweithiau nerthol o ran ffurf, heb lacrwydd o unrhyw fath yn amharu ar eu hundod. Ar ôl eu darllen, y mae eu cynllun a'u hadeiladwaith yn aros yn glir yn y meddwl yn union fel yr ymddengys cynllun adeilad o waith pensaer wrth syllu arno â'r llygaid. Ac er i Ellis Wynne fenthyca llawer o'i ddefnyddiau, y cynllun a luniodd ef sy'n penderfynu ymha le ac ymha fodd y mae'n eu gosod yn yr adeilad. Gwelir yr un cryfder ffurfiol hefyd yng ngwneuthuriad brawddegau a pharagraffau. 'Gweledigaeth Angeu', yn sicr, ydyw'r berffei-thiaf o ran cynllun, ond nid yw'r ddwy arall ymhell ar ôl, yn enwedig 'Cwrs y Byd', ac y mae'r tair gweledigaeth gyda'i gilydd yn ffurfio un cyfanwaith organig. Ymarferiad buddiol, er mwyn gwerthfawrogi athrylith Ellis Wynne i gynllunio, ydyw dadelfennu adeiladwaith y tair gweledigaeth, a hefyd, wneuthuriad y brawddegau a'r paragraffau. O wneuthur hynny, gwelir ymhellach fel y mae'r drefn sydd ar y cynnwys yn datguddio'r drefn sydd ar y mynegiant neu'r arddull a ddefnyddir.

Ystyrir mai arbenigrwydd arddull Ellis Wynne yn y *Bardd Cwsc* ydyw iddo gyfuno traddodiad yr iaith lenyddol â'r iaith lafar fyw, yr hyn na wnaeth neb llenor arall i'r un graddau yn y cyfnod diweddar o'i flaen ef. Dyna, mae'n debyg, ydyw ystyr gosodiad Syr John Morris-Jones fod y *Bardd Cwsc* yn dyrchafu Ellis Wynne 'uwchlaw pob ysgrifennydd rhyddiaith yn yr un o'r ddwy ganrif y bu efe yn oesi ynddynt'. Ymhellach, gwir ystyr cyfuno'r iaith lenyddol â'r iaith lafar yw fod gan Ellis Wynne y ddawn i amrywio ei arddull mewn gwahanol rannau o'r llyfr i gyfateb i'r cynnwys a oedd ganddo i'w gyfleu. Hynny yw, natur y cynnwys a benderfynai'r math o arddull a ddefnyddiai. A dyna nod angen y llenor mawr, oherwydd nid rhywbeth yn bod ar wahân i gynnwys ydyw arddull.

Ystyriwn yn awr ddefnydd Ellis Wynne o'r ddwy arddull. Y mae'n amlwg ei fod wedi ei drwytho ei hun yn drwyadl yn nhraddodiad rhyddiaith Gymraeg ddiweddar a gychwynnodd yn yr unfed ganrif ar bymtheg ac a gynhyrchodd y dosbarth o lyfrau a alwodd Emrys ap Iwan 'Y Clasuron Cymraeg'. Y prif ddylanwadau a ffurfiodd y rhyddiaith glasurol hon oedd iaith y traddodiad barddol a fabwysiadwyd gan gyfieithwyr y Beibl, a hefyd syniad y Dadeni Dysg y dylid ymboeni i gyfansoddi rhyddiaith gelfyddydol gabol yn null Cicero, meistr mawr arddull Ladin, ac eilun pob Dyneiddiwr. Wrth gyfuno'r ddau ddylanwad yma, gan anwybyddu traddodiad rhyddiaith yr Oesoedd Canol a hefyd ddulliau'r iaith lafar, daeth i fod ryddiaith ffurfiol urddasol y clasuron rhyddiaith, lle y gwelir awduron 'yn ymhyfrydu mewn nyddu geiriau'n frawddegau, a gwau brawddegau'n baragraffau'. Ceir ynddi hefyd ddefnydd mynych o gyseinedd rhwng geiriau â'i gilydd yn ogystal ag amlder o eiriau cyfansawdd, nodweddion sy'n ein hatgoffa o'r traddodiad barddol a'r areithiau pros. Cyfieithiadau o'r Lladin a'r Saesneg oedd y rhan fwyaf o'r llyfrau hyn, ac er bod tueddu wrth gyfieithu i niweidio cystrawen a phriod-ddull, eto, y cyfieithiadau hyn **a greodd** draddodiad rhyddiaith Gymraeg ddiweddar.

Yr oedd Ellis Wynne, fel y dywedwyd, yn gwbl gyfarwydd â'r traddodiad hwn. Ar ddechrau 'Gweledigaeth Uffern', cyfeiria at un o'r clasuron hyn, sef *Yr Ymarfer o Dduwioldeb* (1630), a dangosodd Mr. Saunders Lewis debyced yw arddull y llyfr hwn i rannau o'r *Bardd Cwsc*. Enwir dau arall ganddo, sef *Llyfr y Resolusion* (1632) a *Holl Ddled-swydd Dyn* (1672), yn y rhagymadrodd i'w gyfieithiad o *Reol Buchedd Sanctaidd*. Ar ben hyn, ceir ganddo aml air ac ymadrodd sy'n dangos ei fod yn gyfarwydd nid yn unig â'r prif glasuron ond hefyd â llawer o fân lyfrau rhyddiaith yr ail ganrif ar bymtheg. Felly, wrth astudio'r dosbarth hwn o lyfrau, meistrolodd Ellis Wynne arddull rhyddiaith glasurol Gymraeg cystal â neb o'i ragflaenwyr, fel y prawf *Rheol Buchedd Sanctaidd* yn eglur ddigon. Ac wrth ysgrifennu'r *Bardd Cwsc*, gwelodd mai'r arddull glasurol draddodiadol hon oedd yn addas i ddisgrifio golygfeydd sefydlog, neu i greu awyrgylch, neu i gyflwyno anerchiadau mawreddog. Felly, enghreifftiau nodedig o'r arddull hon yw paragraff agoriadol y tair gweledigaeth, lle y gellir ymdeimlo ag ymdrech arbennig ar ran Ellis Wynne i lunio brawddegau hirion caboledig, gan fesur a phwyso pob gair a chymal yn ofalus er mwyn sicrhau'r cydbwysedd a'r rhithm sy'n rhoddi boddhad esthetig. Arddull ffurfiol iawn ydyw, arddull sy'n tynnu sylw ati ei hun, ac y mae Ellis Wynne yn feistr arni. Ceir enghreifftiau o'r arddull hon hefyd, wrth gwrs, yng nghorff y llyfr, megis yn y disgrifiad o'r ''hangle o Blasdy penegored mawr' (t. 13), o'r 'tai têg a gerddi tra hyfryd' (tt. 22-23), o Lys Angau (t. 65), ac o'r 'Gwagle hyll' (tt. 86-87), yn ogystal ag mewn llawer o ddarnau eraill.

Beth am ddefnydd Ellis Wynne o'r iaith lafar? Gwelodd fod yn rhaid wrth arddull fywiocach o lawer, a llai urddasol, ar gyfer disgrifio digwyddiadau cyflym a golygfeydd symudol, swnllyd, digri, ac i gyfleu ymddiddan neu i adrodd stori. Nid oedd yr arddull glasurol draddodiadol yn addas i wneuthur hyn a phenderfynodd ar yr arddull lafar, gan ddefnyddio iaith ymddiddan a'i brawddegau byr, cwta, a'i geiriau byw, lliwgar, dichwaeth yn aml. Ceir digon o enghreifftiau o'r arddull hon drwy'r llyfr, megis yn y cyfarfod â'r Tylwyth Teg

neu yn rhai o'r golygfeydd yn strydoedd y Ddinas Ddihenydd,
yn y weledigaeth gyntaf; yn yr ymddiddan â'r Bardd Cwsc a
Thaliesin yn yr ail, ac yn ymddiddanion rhai o'r diawliaid a'r
damniaid â Lucifer yng 'Ngweledigaeth Uffern'. Dam-
caniaeth Mr. Saunders Lewis yw mai dilyn ffasiwn Syr Roger
L'Estrange ac awduron a chyfieithwyr Llundain a barodd i
Ellis Wynne fabwysiadu'r arddull hon. Yn wir, ceir aml
enghraifft o efelychu L'Estrange, megis 'a'm llyncu yn ddi-
halen' (t. 6)—'as if he would have eaten me without mustard';
'mynd yn union i Ddiawl wrth blwm' (t. 33)—'go to the
devil by a perpendicular line'; 'yn crynu fel dail yr aethnen'
(t. 69)—'trembling like aspen leaves'; 'ac ymaith ac ynte fel
mellten' (t. 99)— 'but away he went like an arrow out of a
bow'. Eithr fel yr awgryma'r enghreifftiau hyn, nid dynwared
yn gaeth eiriau a brawddegau L'Estrange a wnaeth Ellis
Wynne, ond ysgrifennu fel llenor Cymraeg annibynnol mewn
ysbryd cyffelyb. Ac er bod llawer ymadrodd cwrs a bras yn
y *Bardd Cwsc*, yr oedd greddf a chwaeth yr artist yn ddigon
cryf ynddo i'w gadw rhag syrthio mor isel a diurddas â
L'Estrange ar brydiau. Yr oedd yr iaith lafar a ddefnyddiodd
Ellis Wynne yn rhan annatod o fywyd ei fro, a thraddodiad
hir y tu ôl iddi ac yn newid yn araf, y math o iaith lafar sy'n
ffynhonnell hollbwysig i lenyddiaeth mewn unrhyw iaith. Ac
yr oedd yn ffodus wrth ddefnyddio'r iaith lafar hon, oherwydd
yr oedd nid yn unig yn llawn o briod-ddulliau a chystra-
wennau hollol Gymreig, ond hefyd bron yn gwbl newydd
mewn rhyddiaith Gymraeg. Yn wir, dwyn yr arddull hon
i sefyll ochr yn ochr â'r arddull glasurol draddodiadol sy'n
rhoddi i Ellis Wynne ei le arbennig yn hanes rhyddiaith
Gymraeg.

Dengys Ellis Wynne hefyd ddeheurwydd mawr wrth
gymhwyso at fywyd Cymru lawer o'r defnyddiau a fenthyc-
iodd. Pan fo'n dethol ambell ddisgrifiad o deip neu olygfa, a
throsi'r sylwedd, y mae'n llwyddo bob amser i osod delw
Gymreig arnynt. Gosodir 'porthmyn' yn Stryd Elw ac yn
Uffern ymhlith yr Ustusiaid, y Marsiandwyr a'r Cyfreithwyr,
ac yn Stryd Pleser ceir '*chwareuon* Interlud', 'pob rhyw *gerdd*
faswedd *dafod* a *thant*, canu baledu' (t. 23), ac y mae'r
pethau sy'n porthi balchder y boneddigion yn cynnwys

'llyfreu acheu, gwersi'r hynafiaid, cywyddeu' (t. 18). Pan sonia L'Estrange am bendefig yn Uffern yn dal memrwn yn ei law, 'the parchment being a testimonial from the Heralds office', dywed Ellis Wynne, 'Palff o *Scweir* a chanddo drolyn mawr o femrwn sef ei gart acheu, ac yno'n datcan o ba sawl un o'r pymthegllwyth Gwynedd y tarddasei ef' (t. 97). Ac yn union wedyn, cyfieithir 'parchment gentleman' fel *'Scweir o hanner gwaed'*, enghraifft odidog o gyfleu'r ystyr a rhoi cynnwys teimladol Cymreig iddo yr yn pryd. Enghraifft ddiddorol o ychwanegu cyffyrddiad lleol Cymreig at fenthyciad syml yw'r trosiad o 'on a cold frosty morning in January (when it was much better being in a warm bed, with a good bedfellow, than upon a bier in the churchyard') ar ddechrau 'Gweledigaeth Angeu', sef 'ryw hirnos Gaia dduoer, pan oedd hi'n llawer twymnach yn nghegin *Glynn-cywarch* nac ar ben *Cadair Idris*, ac yn well mewn stafell glŷd gydâ chywely cynnes, nac mewn amdo ymhorth y fonwent'. Ond yr enghraifft fwyaf nodedig o roi cysylltiad Cymreig i fenthyciad yw'r cyfarfod â'r Bardd Cwsc, Myrddin, a Thaliesin yn yr un weledigaeth (tt. 59-63). Gwyddai Ellis Wynne, fel y cyfeiriwyd eisoes, am y farddoniaeth 'broffwydol' a geid yng Nghymru yn yr Oesoedd Canol, y farddoniaeth y cysylltir â hi enwau Myrddin, Taliesin, y Bardd Cwsg, ac eraill. Copïodd gasgliad o'r farddoniaeth hon, a cheir hwnnw heddiw mewn llawysgrif yn y Llyfrgell Genedlaethol (Peniarth 196). Felly, pan ddarllenodd yn *Visions* L'Estrange am Quevedo yn cyfarfod â'r 'Necromancer' a 'Nostradamus', y naill yn holi am gyflwr Sbaen a'r llall yn gofyn am ystyr rhyw rigymau proffwydoliaethol, gwelodd Ellis Wynne ei gyfle i Gymreigio'r darn hwn yn llwyr, heb fenthyca dim o'r gwreiddiol ond y syniad yn unig. A phan na bo'n rhoi cymhwysiad Cymreig penodol, y mae'n llwyddo i roi delw Gymreig ar yr iaith, megis yn yr enghreifftiau hyn: 'If ye are poor, nobody owns ye'—'os *tlawd*, hwdiwch bawb iw sathru a'i ddiystyru' (t. 38); 'if pensive and reserved, you are taken to be sour and censorious'—'os distaw, gelwir di'n gostog gwenwynllyd (t. 38); 'she has taken a second husband into her heart before her first was in his grave'—'Mae'r *Widw*, cyn mynd corph hwn o'i thŷ, wedi gollwng *Gwr arall* eusys at ei chalon'

(t. 28). Dengys yr enghreifftiau hyn, a llawer eraill y gellid eu nodi, fod gan Ellis Wynne ddawn gwbl arbennig i sugno mêr a rhin ei ffynonellau ac ail greu o newydd yn Gymraeg.

Nid cynllun ac arddull y *Bardd Cwsc* a'r modd y gosodir delw Gymreig ar y defnyddiau a fenthyciwyd ydyw ei unig hawl i'w gyfrif yn waith gwreiddiol. Y mae llawer iawn o'i gynnwys hefyd yn gwbl annibynnol ar Quevedo ac yn fynegiant o safbwynt a safonau Ellis Wynne ei hun ynghanol bywyd ei gyfnod yng Nghymru. Ceir yr allwedd i'w safbwynt a'i safonau yn ei safle gymdeithasol ac yn ei berthynas ag Eglwys Loegr.

Fel aelod o haen gymdeithasol arbennig, sef y dosbarth bonheddig, yr oedd ganddo syniadau pendant ynglŷn â lle a swyddogaeth y dosbarth hwnnw ym mywyd y gymdeithas. Mynegir hynny'n drawiadol ar derfyn y disgrifiad o'r plasty adfeiliedig yn Stryd Balchder: 'Yr oedd yno fyrdd o'r fâth blasau gwrthodedig, a allasei oni bai *Falchder*, fod fel cynt yn gyrchfa goreugwyr, yn Noddfa i'r gweiniaid, yn Yscol Heddwch a phob Daioni, ac yn fendith i fil o Dai bâch o'u hamgylch' (tt. 13-14). Dyma, yn sicr, ddarlun o un agwedd ar y newid cymdeithasol a ddigwyddodd yng Nghymru o'r unfed ganrif ar bymtheg ymlaen, oherwydd wrth ymfudo o Gymru 'tan ucheldremio ar wychder y *Saeson*' (t. 137) a gwneud gyrfaoedd iddynt eu hunain ym mywyd Lloegr yn brif nod eu bywyd, gadawodd y teuluoedd bonheddig fwlch yn y gymdeithas Gymreig. Nid y cwbl ohonynt, bid siŵr, ond cymdeithas ydoedd bellach yn graddol golli ei harweinwyr naturiol ac yn ymdlodi ymhob ystyr. Aeth y gŵr 'lusengar daionus' yn 'ŵr mawr' ac yn ormeswr yn ei awch i ymgyfoethogi, gan ddwyn 'o'r Mynydd ddarn o Blwy' a chymryd 'oddiar y *tlawd* fywioliaeth ei anifail, ac wrth hynny, ei fywioliaeth ynteu a'i weiniaid' (t. 21). A throeon yn y *Bardd Cwsc*, gwatwerir y dosbarth newydd o foneddigion sy'n 'hèl clôd' er mwyn 'ymgodi i'r Swydd ucha'n y Deyrnas (t. 15), neu'n cyflogi beirdd i lunio achau ffug iddynt (t. 26), a gosodir y teipiau hyn yn ddiseremoni yn Uffern (tt. 96-99). Ni sonnir yn benodol am y modd y troes y dosbarth bonheddig hefyd eu cefnau ar yr iaith Gymraeg, ond arwyddocaol iawn ydyw i Ellis Wynne yn *Rheol Buchedd Sanctaidd* beidio

â chyfieithu '*Dyledswyddau* Brenhinoedd *a* Barnwyr *a*
Llywodraethwyr Gwledig *ac* Eglwysig', am eu bod '*yn
ammherthynol sywaeth i'r Iaith* Gymraec *am fôd y cyfryw rai
yn hyddyscach ac yn gynnefinach âg Ieithoedd* eraill' (tt.
145-46). Disgynyddion yr hen deuluoedd bonheddig ydoedd
y rhain, y dosbarth a fu gynt yn gefn i'r iaith a'i llenyddiaeth.
Er hynny, a barnu oddi wrth y *Bardd Cwsc*, nid ystyriai
Ellis Wynne fod noddi llenyddiaeth yn un o ddyletswyddau
pwysicaf y boneddigion. Gofal dyngarol am y gymdeithas
leol, ynghyd â gwasanaeth a haelioni, a ystyriai ef yn bwysig.
Fel aelod selog o'r Eglwys, ni chaniatâi ei athrawiaeth am
natur dyn iddo synied am y boneddigion fel dosbarth uwch-
raddol, ar wahân. Dyma a ddywedir yn Uffern wrth un
pendefig a ymffrostiai yn ei uchel achau: 'ai nid unlliw pôb
gwaed? Ai nid yr un ffordd rhwng y trwnc a'r baw y daetho-
chwi i gyd allan? . . . 'rŷch i gyd oll wedi'ch diwyno â *phechod
gwreiddiol* oddiwrth *Adda*' (t. 98). Yr oedd y safonau Piwri-
tanaidd a etifeddodd fel Eglwyswr yn peri hefyd na allai ond
dirmygu llawer o'r arwyddion allanol a gysylltid â'r bendefi-
gaeth, ac yn nhrysordy Tywysoges Balchder, ymhlith y
pethau 'a bair i ddyn dybio'n well o hono'i hun, ac yn waeth o
eraill nac y dylei' ceir 'pob mâth o arfeu *bonedd* banerau,
scwtsiwn, llyfreu acheu, gwersi'r hynafiaid, cywyddeu . . .'
(t. 18). Dyna gollfarnu rhan fawr o'r diwylliant a oedd yn
addurn ar lysoedd y pendefigion yn yr hen Gymru.

Fel aelod teyrngar o Eglwys Loegr hefyd, etifeddasai Ellis
Wynne safbwynt pendant ynglŷn â safle'r eglwys honno ym
mywyd Prydain, a hyn a benderfynai ei agwedd tuag at
ffurfiau eglwysig eraill. Megis y Torïaid Uchel Eglwysig,
credai y dylai'r Eglwys fod yn is-wasanaethgar i'r Goron a'r
Wladwriaeth ac na ddylid caniatáu rhyddid i unrhyw ffurf
arall ar fynegiant eglwysig am y golygai hynny beryglu undod
a diogelwch y deyrnas. Dyna paham y mae'n rhoddi Eglwys
Loegr yn Ninas Immanuel ac yn gosod y Frenhines Anne yn
ben arni, ac yn dangos agwedd mor elyniaethus tuag at
Babyddiaeth ac Ymneilltuaeth fel ei gilydd. Y mae gwrei-
ddiau'r elyniaeth hon, wrth gwrs, i'w canfod yn hanes crefyddol
a gwleidyddol hanner olaf yr ail ganrif ar bymtheg, oherwydd
wedi adferiad y Brenin yn 1660 ac adennill o Eglwys Loegr

ei safle o awdurdod fel yr Eglwys Wladol, bu pob ffurf arall
ar grefydd o dan erledigaeth. Arswydid rhag i Babyddiaeth
gael ei hail sefydlu yn grefydd wladol, ac yr oedd ymosodiadau
a chynllwynion Ffrainc Babyddol o dan arweiniad Louis XIV
yn dwysáu'r perygl hwn. Hyn sy'n egluro casineb Ellis
Wynne tuag at y Pab a'r 'hên *Lewis o Frainc*'. Yn wyneb y
perygl, credid mai trwy unffurfiaeth grefyddol yr oedd sicrhau
gwladwriaeth unedig ym Mhrydain i wrthsefyll ymosodiadau
o'r tu allan. Dyna'r cymhelliad y tu ôl i Ddeddf Unffurfiaeth
(1662), ac atgasedd Ellis Wynne tuag at yr Ymneilltuwyr am
wrthod cydymffurfio'r pryd hwnnw a geir yng ngeiriau'r
Porthor wrth ateb 'rhai o dylwyth y 'Scubor' a ddaeth i
hawlio'u braint yn yr '*Eglwys Gyffredin*' yn Ninas Immanuel:
'a welwch i ôl y rhwyg a wnaethoch i'n yr Eglwys i fynd
allan o honi heb nac achos nac ystyr?' (t. 47). Ar ôl hyn,
rhaid oedd dial ar yr Ymneilltuwyr a'u difenwi fel gwrth-
ryfelwyr a bradwyr i'r deyrnas—onid hwy, wedi'r cwbl, a
ddienyddiodd Siarl I a dileu'r Eglwys Wladol am gyfnod?
A chafwyd cyfres o ddeddfau i gyfyngu ar eu rhyddid i
addoli'n gyhoeddus ac yn gwahardd iddynt ddal swyddi sirol a
dinesig. Ond yn 1689, ar ôl y Chwyldro a gorseddu William
III, pasiwyd Deddf Goddefiad, a ganiatái i Ymneilltuwyr
ddal swyddi ar yr amod eu bod yn cymuno yn yr Eglwys
Wladol unwaith y flwyddyn. Yr oedd Ellis Wynne, fel
llawer o eglwyswyr eraill, yn ffyrnig yn erbyn y goddefiad
hwn a cheir cyfeiriad penodol ganddo at 'Rowndiad sy'n
mynd yn Siri ac o ran, bod y Gyfraith yn gofyn cymmuno'n
yr Eglwys cyn cael Swydd, ynte' ddaeth yma rhag ei cholli . . .
(tt. 36-37). Ond pan ddaeth Anne i'r Orsedd yn 1702, a
hithau'n uchel-eglwyswraig ac yn llai goddefgar tuag at yr
Ymneilltuwyr na William III, bu cais eto i ddileu Ymneill-
tuaeth trwy'r 'Bil Sism', na lwyddwyd i'w basio ond a fu
dan ddadl yn nau Dŷ'r Senedd tan farwolaeth Anne yn 1714.
Diau mai cyfeiriad at ddechrau'r ddadl ynglŷn â'r 'Bil Sism'
a geir yn ateb Lucifer i'r '*Scotyn o* lwyth *Cromwel*' a ymffro-
stiai eu bod ar gynnydd ym Mhrydain: 'Hai, hai, ebr *Lucifer*,
os da clywai 'rŷchwi yno ar fynd tan gwmmwl chwitheu'
(t. 116). Gwelir, felly, nad diwinyddiaeth yr Ymneilltuwyr
yn gymaint a enynnai gasineb Ellis Wynne, ond eu hanghyfri-

foldeb yn peryglu undod Prydain trwy wrthod plygu i'r gyfundrefn eglwysig wladol. Ni welai ef 'nac achos nac ystyr' i hynny. Gwir iddo wawdio gwasanaeth y' *'Scubor*, lle'r oedd un yn dynwared Pregethu ar ei dafod leferydd . . .', ond er hynny, yr oedd 'gan y rhain yr iawn *Spectol* . . .' (t. 35). Ar y llaw arall, nid perygl gwleidyddol yn unig a enynnai gasineb Ellis Wynne tuag at Babyddiaeth, ond y mae byth a hefyd yn mynnu cyfle i fwrw gwawd a dirmyg ar bethau fel y gyffesgell, maddeuebau'r Pab ac athrawiaeth y Purdan.

Fel aelod selog o Eglwys Loegr hefyd, gellir dywedyd i Ellis Wynne etifeddu safonau Piwritanaidd llym ynglŷn â moesoldeb ac ymarweddiad. Prif nodwedd y biwritaniaeth hon oedd ymosod ar ddrygioni, drygioni a gynhwysai bob math o bleserau synhwyrus ac ofer, megis adrodd chwedlau, chwarae anterliwt, canu baledi, dawnsio ar y twmpath, torri'r sabath, yfed yn y dafarn, gwisgo'n falch, addurno'r corff, a hefyd anonestrwydd a thwyll ym myd masnach a'r bywyd cyhoeddus. Condemnir yr holl 'bechodau' hyn yn y *Bardd Cwsc*, ac yn y cyswllt hwn, gellir canfod llawer o ddylanwad *Rheol Buchedd Sanctaidd*, y llyfr o waith Jeremy Taylor a gyfieithodd Ellis Wynne ac a gyhoeddodd yn 1701. Y mae'r llyfr hwn hefyd yn cysylltu Ellis Wynne â'r Gymdeithas er Taenu Gwybodaeth Gristnogol (S.P.C.K.), a sefydlwyd yn 1699 er mwyn ceisio gwella cyflwr moesol cymdeithas trwy ddulliau addysgol a thrwy rannu llyfrau defosiynol yn rhad ymhlith y werin. Yr oedd *Rheol Buchedd Sanctaidd* yn un o'r llyfrau hyn, a dengys gwaith Ellis Wynne yn ei drosi i'r Gymraeg ei fod yn dymuno hyrwyddo amcanion y Gymdeithas. Ac yn ddiamau, yr oedd yr un cymhelliad moesol y tu ôl i'w waith yn myned ati i gyfansoddi'r *Bardd Cwsc*. Yn wir, mewn un frawddeg drawiadol yn *Rheol Buchedd Sanctaidd*, crynhoir holl 'gwrs y byd' fel y darluniodd Ellis Wynne ef yn y *Bardd Cwsc*:

'Wedi'r ehetto dy Enaid frŷ, ac edrych i wared obrŷ ar bleserau bydol, ti a'u gweli o hirbell yn fychain ac yn wael ddiystyr, a dynion yn gwybetta ar ôl eu trachwanteu a ymddangosant i ti mor ynfyd a'r pyscod yn rhedeg o fesur mîl ar ôl un prŷf cynrhonllyd a'r bâch marwol ynddo' (t. 57).

O dŵr uchel ei safbwynt a'i safonau pendant ef ei hun,
edrychodd Ellis Wynne ar fywyd ei gyfnod a gweld pawb bron
yn treulio'u bywyd yn ofer, yn anfoesol, yn rhagrithiol, ac yn
golledig, a phenderfynodd ddefnyddio'i ddawn fel llenor i'w
sobri a'u hachub. Megis Quevedo, llenor ydoedd Ellis Wynne
yn ysgrifennu dan gynhyrfiad cymhelliad moesol. Ei amcan
oedd disgrifio a dadansoddi natur y byd fel y mae er mwyn
peri i bobl eu hadnabod eu hunain a gweld eu diffygion a'u
hafiechyd, a disgrifio ymhellach drueni a dioddefaint gwlad
Angau ac Uffern er mwyn eu dychryn i newid eu ffyrdd.
Dyna ydyw arwyddocâd yr ymgiprys am enaid y Bardd
Cwsc rhwng y Tylwyth Teg a'r Angel ar ddechrau 'Gwele-
digaeth Cwrs y Byd'. Nid oedd y Tylwyth Teg ond gweision
Lucifer, angylion syrthiedig, a fyddai wrth eu bodd yn dangos
i'r Bardd rith o fyd, ei ddallu 'rhag gweled bâch', a'i arwain
yn y diwedd i Uffern Lucifer. Ond achubwyd ef mewn pryd
gan yr Angel a ddangosodd iddo'r byd fel y mae mewn gwirion-
edd, a'i rybuddio rhag ei swynion trwy ddangos iddo erchyll-
terau gwlad Angau ac Uffern. Ysgrifennodd yntau ei weledi-
gaethau 'er rhybudd i eraill' (t. 83).

Er mwyn cyflawni'r amcan hwn, yr arf lenyddol a ddefnydd-
iodd Ellis Wynne, megis Quevedo o'i flaen, ydoedd dychan.
Dull y dychanwr yw gwneuthur cyff gwawd o'r gwendidau
a'r ffolinebau ym mywyd dynion y mae'n eu ffieiddio, ac o'r
syniadau a'r sefydliadau ym mywyd ei gyfnod sy'n atgas yn
ei olwg. Rhaid iddo hefyd, er mwyn ennill clust y rhai y
myn eu diwygio, gyfuno beirniadaeth wawdlyd â digrifwch,
ceryddu a diddanu yr un pryd. Oherwydd nid oes dim yn
well gan ddyn na gweld ei gyd-ddyn yn cael ei watwar a'i
fflangellu'n ffraeth, a hyd yn oed os na thyn ef ei hun wers o'r
ergyd, y mae'n sicr o roi pleser iddo. Ceir digon o enghreiff-
tiau o gyfuno beirniadaeth â digrifwch ffraeth yn y *Bardd
Cwsc*, megis yn y disgrifiadau o'r 'goegen gorniog' neu'r
'globen o baunes fraith ucheldrem' neu'r 'paladr o ŵr a
fasei'n Alderman' neu'r 'Widw' ragrithiol. Disgrifio teipiau
a wnaeth Ellis Wynne er mwyn dweud y gwir wrth unigolion
o'r teipiau hynny. A phan fo'n canolbwyntio ei ddychan ar y
gwendidau sy'n elfennau bythol yn y natur ddynol, megis
balchder neu ragrith, ac yn dychanu'n gelfydd ac yn ddigri,

y mae ei ddisgrifiadau'n parhau yn fyw, ac yn gyfrwng mwynhad i ni heddiw. Er hynny, y mae hefyd yn aml yn gwbl agored ac uniongyrchol yn ei gondemnio a'i feirniadu, heb arlliw o ddigrifwch, megis yn ei ddisgrifiad o breswylwyr Stryd Elw ac o'r porthmyn yn Uffern, neu yn ei gyfeiriadau at Babyddiaeth a'r sectau Ymneilltuol. Pan fo'n canol-bwyntio ei ddychan ar bersonau a sefydliadau yn perthyn i'w gyfnod, gan ddatgelu ei ragfarnau personol, ac yn con-demnio'n agored yn hytrach na dychanu'n gyfrwys, nid oes cymaint bywyd yn y disgrifiadau hynny i ni heddiw. Gwyddai Ellis Wynne, wrth gwrs, fod ganddo ddarllenwyr a gytunai â'i safbwynt ef, ac ni allai ymatal rhag porthi eu dicter tuag at eu caseion a'u casbethau. Eithr nid oes i lawer o'r dychan hwn namyn diddordeb hanesyddol i ni heddiw. Weithiau, mae'n wir, gellir mwynhau'r ergyd gyfrwys ffraeth, megis, er enghraifft, yr ymgyrch i ddewis Trysorwr i'r Dywysoges Elw 'yn lle'r Pâp a drowyd allan o'r Swydd' (t. 20), neu'r disgrifiad o gyffesgell yr Eglwys Babyddol fel lle yn 'llawn o ganhwylleu ganol dydd goleu' (t.32). Ond ar wahân i ambell fflach gywrain fel yna, prin y mae'r dychan sy'n codi o gasineb a rhagfarn eithafol ac wedi ei fynegi'n agored a chras, yn rhoi mwynhad diledryw i ddarllenwyr heddiw. Er hynny, camp fawr Ellis Wynne wrth ddefnyddio dychan fel cyfrwng moesoli, ydyw iddo lwyddo mor aml i gyfuno beirniadaeth frathog â digrifwch afieithus. Rhoddodd ddeunydd chwerthin a chwilio calon i'w gyfoeswyr, ac oherwydd ei bortreadau byw a threiddgar o'r natur ddynol yn ei hamrywiol liwiau, ynghyd â'i feistrolaeth ddigyffelyb ar adnoddau'r iaith Gymraeg, cynhyrchodd glasur y gall darllenwyr ymhob oes ei fwynhau.

LLYFRYDDIAETH

Gweledigaetheu y Bardd Cwsc, Dan olygiaeth J. Morris Jones,
Bangor, 1898. Erys yr argraffiad hwn yn anhepgor i bob
efrydydd. Y mae'n cyfleu argraffiad 1703 'lythyren am
lythyren, llinell am linell a thudalen am dudalen', a cheir
ynddo hefyd ragymadrodd helaeth ynghyd â nodiadau a
geirfa.

Ceir yr holl wybodaeth sydd ar gael am fywyd Ellis Wynne a
hanes ei deulu, am ei lyfrau a'i lawsygrifau yn *Dauganmlwyddiant Ellis Wynne, Llawlyfr y Dathliad* (1934), a hefyd
yn *The Journal of the Welsh Bibliographical Society*, 'Ellis
Wynne Bicentenary Number', Cyf. iv, Rhif 5 (1934). At hyn,
ychwaneger yn awr waith Dr. Gwyn Thomas, 'Ellis Wynne
o Lasynys, 1671-1734', Traethawd M.A. Prifysgol Cymru
(Bangor, 1961), Pennod I; 'Ellis Wynne o'r Lasynys', *Llên
Cymru*, vi, 83-96. Hefyd, efallai y gellir ychwanegu gwaith
arall at lafur llenyddol Ellis Wynne. Ar dudalen olaf *Llyfr
Gweddi Gyffredin* (Amwythig, John Rogers, 1724), ymhlith y
llyfrau a hysbysebir eu bod ar werth gan John Rogers, ceir
'*E*sponiad Catechism *E*glwys Loegr gan Mr *Lewis*, wedi ei
Gyfieuthu i'r Gymraeg gan Mr. *Ellis Wynne*, o'r Lâs ynys,'.
Cyhoeddwyd cyfieithiad o *Catechism* John Lewis, Margate,
yn Amwythig yn 1713 ond ni roddir enw'r cyfieithydd yn yr
argraffiad hwnnw.

Yr unig astudiaeth lawn o waith llenyddol Ellis Wynne yw
llyfr Gwyn Thomas, *Y Bardd Cwsg a'i Gefndir* (Gwasg
Prifysgol Cymru, 1971), ffurf fyrrach ar ei Draethawd M.A.
y cyfeirir ato uchod. Gellir ymgynghori hefyd â'r erthyglau
hyn:

Saunders Lewis, 'Y Bardd Cwsc', *Y Llenor*, ii (1923), 159-
69; 'Gweledigaeth Angeu', *Ysgrifau Beirniadol*, iv (1969),
75-82.

T. J. Morgan, 'Cymru'r "Bardd Cwsc" ' *Yr Athro*, v (1932),
96-7; 'Gweledigaeth Uffern', *ibid*., 126-28; 'Elis Wyn:
Ei Biwritaniaeth a'i Anoddefgarwch', *ibid*., vi (1933),
39-40.

Huw Llew. Williams, 'Gweledigaeth Cwrs y Byd', *Yr Athro*, ix (1936), 121-25, 154-56.

D. Gwenallt Jones, 'Y Bardd Cwsg', *Llafar*, i (1951), 73-81. Cyhoeddwyd hefyd yn *Yr Haul* (Gorffennaf 1951), 361-69; ac yn *Lleufer*, vii (1951), 109-116.

D. Simons Evans, 'Ellis Wynne', *Yr Athro* (Cyfres Newydd), i (1951-52), 110-12, 151-52, 203-207.

Garfield H. Hughes, 'Tom Brown ac Ellis Wynne', *The Journal of the Welsh Bibliographical Society*, Cyf. vii, Rhif 3 (1952), 144-50; 'Gweledigaeth Angeu yn ei Frenhinllys isa', *Barn*, 66 (Ebrill, 1968).

W. R. Jones, 'Gweledigaethau y Bardd Cwsg', *Barn*, 36, 38, 40, 44 (Hydref 1965-Mehefin 1966).

Bobi Jones, *Angau Ellis Wynne* (Cyfres Pamffledi Llenyddol Cyfadran Addysg Aberystwyth, Rhif 14, 1968).

D. Tecwyn Lloyd, 'Ellis Wynne', *Y Traddodiad Rhyddiaith* (Gol., Geraint Bowen, 1970), 247-61.

Gwyn Thomas, 'Dychan Ellis Wynne', *Ysgrifau Beirniadol*, i (1965), 167-86; 'Ellis Wynne, Y Lasynys', *Gwŷr Llên y Ddeunawfed Ganrif a'u Cefndir* (Gol., Dyfnallt Morgan, 1966), 51-57.

Gweledigaetheu

Y

Bardd Cwsc.

Y

RHANN GYNTAF.

Argraphwyd yn *Llundain* gan
E. *Powell*, i'r Awdwr, 1703.

COLEG MENAI
BANGOR, GWYNEDD LL57 2TP

AT Y

DARLLENYDD.

A Ddarllenno, yſtyried ;
A yſtyrio, cofied ;
A gofio, gwnaed ;
A wnêl, parhaed.

A barhao 'n ffyrdd Rhinwedd,
Gan ymryddhau oi gamwedd,
Fwyfwy fyth hyd ei ddiwedd,
Ni fedd a bortho 'r fflammffiedd,
Na phwys a'i fawdd i'r Sugnedd,
Nid â byth i Wlad y Dialedd
Penydfan pob Anwiredd.

Ond y difraw gwael a geulo
Ar ei forod, a furo,

(Nid

AT Y

DARLLENYDD.

A Ddarllenno, yſtyried ;
  A yſtyrio, coſied ;
  A goſio, gwnaed ;
  A wnêl, parhaed.

A barhao 'n ffyrdd Rhinwedd,
Gan ymryddhau oi gamwedd,
Fwyfwy fyth hyd ei ddiwedd,
Ni fedd a bortho 'r fflammſfiedd,
Na phwys a'i ſawdd i'r Sugnedd,
Nid â byth i Wlad y Dialedd
Penydfan pob Anwiredd.

Ond y difraw gwael a geulo
Ar ei ſorod, a ſuro,

                                    (Nid

I.

Gweledigaeth y BYD.

AR ryw brydnhawngwaith têg o
hâ hir felyn tefog, cymme-
rais hynt i ben un o Fynyddoedd
Cymru, a chydami Spienddrych
i helpu 'ngolwg egwan, i weled pell yn
agos, a phetheu bychain yn fawr ; trwy 'r
awyr deneu eglur ar tês yfplenydd tawel
canfyddwn ymhell bell tros Fôr y *Werddon,*
lawer golygiad hyfryd. O'r diwedd wedi
porthi fy Llygaid ar bôb rhyw hyfrydwch
o'm hamgylch, onid oedd yr Haul ar gyr-
raedd ei gaereu 'n y Gorllewin ; gorwe-
ddais ar y gwclltglas, tan fyn-fyfyrio dec-
ced a hawddgared (wrth fy ngwlâd fy
hun) oedd y Gwledydd pell y gwelfwn
gip o olwg ar eu gwaftadedd tirion ; a
gwyched oedd gael arnynt lawn olwg, a
dedwydded y rhai a welfeint gwrs y byd
wrthifi a'm bâth : Felly o hir drafaelio
â'm

â'm *Llygad,* ac wedi â'm *Meddwl* daeth blinder, ac ynghyfcod Blinder daeth fy Meiſtr *Cwſc* yn lledradaidd i'm rhwymo; ac â'i goriadeu plwm fe gloes ffeneſtri fy Llygaid a'm holl Synhwyreu eraill yn dynn ddiogel. Etto gwaith ofer oedd iddo geiſio cloi 'r *Enaid* a fedr fyw a thrafaelio heb y Corph: Canys diangodd fy Yſpryd ar efcill Phanſi allan o'r corpws cloiedig : A chynta peth a welwn i, yn f'ymyl *dwmpath chwareu,* â'r fàth gâd-gamlan mewn Peiſieu gleiſion a Chapieu cochion, yn dawnſio 'n hoew-bryſur. Sefais ennyd ar fẏ nghyfyng gyngor awn i attynt ai peidio, oblegid ofnais yn fy ffwdan mai haid oeddynt o *Sipſiwn* newynllyd, ac na wnaent âs lai na'm lladd i iw ſwpper, a'm llyncu yn ddihalen : Ond o hir graffu, mi a'u gwelwn hwy 'n well a theccach eu gwedd na'r giwed felynddu gelwyddog honno. Felly anturiais neſau attynt, yn ara' dêg fel iâr yn ſengi ar farwor, i gael gwybod beth oeddynt ; ac or diwedd gofynnais eu cennad fel hyn o hyd y nhîn ; Attolwg lan gyn'lleidfa, 'r wy 'n deall mai rhai o bell ydych, a gymmerech i Fardd i'ch plith ſy 'n chwennych trafaelio? ar y gair diſtawodd y trŵſt, a phawb a'i lygad arnai, a than wichian, *Bardd,* ebr un, *trafaelio* eb un arall, *in plith ni* ebr y trydydd ; erbyn hyn mi adwaenwn rai oedd yn edrych

arnai

arnai ffyrnicca o'r cwbl : Yna dechreuafant
fibrwd o gluft i gluft ryw ddirgel fwynion
ac edrych arnai, a chyda hynny torrodd
yr hwndrwd, a phawb a'i afel yno'i, coda-
fant fi ar eu 'fcwyddeu, fel codi Marchog
Sîr ; ac yna ymaith â ni fel y Gwynt tros
Dai a Thiroedd, Dinafoedd a Thyrnafoedd,
a Moroedd a Mynyddoedd, heb allu dal
fulw ar ddim gan gyflymed yr oeddynt yn
hedeg. A phe' fy waeth, dechreuais am-
meu nghymdeithion wrth eu gwaith yn
gwrthuno ac yn cuchio arnai eifieu canu
dychan i'm Brenin fy hun. Wel', ebr fi
wrthi fy hun, yn iàch weithian i'm hoedl ;
f' â 'r carn-witfiaid melltigedig hyn â mi
i fwytty neu feler rhyw Bendefig, ac yno
i'm gadawant i dalu iawn gerfydd fy
nghêg am eu lledrad hwy : Neu gadawant
fi yn noeth lumman i fferri ar Forfa *Caer*
neu ryw Oerle anghysbell arall. Ond
wrth feddwl fod y wynebeu a adwaenwn
i wedi eu claddu, â rheini 'n fy mwrw ac e-
raill yn fy nghadw uwchben pob Ceunant,
deellais nad *Witfiaid* oeddynt, ond mai rhai
a elwir y *Tylwyth têg*. Ni chawn i attreg
nad dyma fi 'n ymyl yr anferth *Gaftell* tecca
'r a welais i 'rioed, a *Llynn* tro mawr o'i
amgylch : yma dechreuafant roi barn ar-
nai ; awn âg e 'n anrheg i'r Caftell, ebr
un ; nage crogyn yftyfnig taflwn ef i'r
Llynn, ni thâl mo'i ddangos i'n Twyfog
                                    mawr

mawr ni, meddei 'r llall; a ddywed e' ei
Weddi cyn cyfcu? ebr y trydydd. Wrth
iddynt fôn am *Weddi*, mi a riddfenais ryw
ochenaid tuac i fynu am faddeuant a help;
a chynted y meddyliais, gwelwn ryw *Oleuni*
o hirbell yn torri allan, oh mor brydferth!
fel yr oedd hwn yn nefau 'r oedd fy
nghymdeithion i 'n tywyllu ac yn diflan-
nu; a chwippyn dyma 'r *Difclair* yn cyfei-
rio tros y Caftell attom yn union, ar hyn
gollyngafant eu gafel, ac ar eu hyma-
dawiad troefant attai guwch uffernol; ac
oni bafei i'r Angel fy nghynnal, bafwn
digon mân er gwneud paftai cyn cael daiar.
Beth, eb yr Angel, yw dy neges di yma?
Yn wîr, f' arglwydd ebr finneu, nis gwn
i p'le yw yma, na pheth yw fy neges, na
pheth wy fy hun, na pheth aeth a'm rhan
arall i, yr oedd genni bedwar aelod a phen,
a pha un ai gartre y gadewais, ai i ryw
geubwll, canys cô 'genni dramwy tros la-
wer o geunentydd geirwon, y bwriodd y
Tylwyth-têg fi, ys *têg* eu gwaith, nis gwn i
Syr, pe crogid fi. Têg eb ef y gwnae-
thent â thi oni bai 'nyfod i mewn pryd
ith achub o gigweinieu Plant Annwfn.
Gan fod cymmaint dy awydd i weled
cwrs y Byd bach, cês orchymyn i roi i ti
olwg arno, fel y gwelit dy wallco 'n an-
fodloni i'th ftâd a'th wlâd dy hunan.
Tyrd gyda mi, neu dro, eb ef, a chyda 'r
gair,

gair, a hi 'n dechreu torri 'r wawr, f' a'm
cippiodd i 'mhell bell tu ucha 'r Caftell,
ac ar fcafell o gwmmwl gwyn gorphwyfa-
fom yn yr entrych, i edrych ar yr Haul
yn codi, ac ar fy nghydymaith nefol oedd
lawer difcleiriach na'r Haul, ond bod ei
lewyrch ef ar i fynu gan y llen-gêl oedd
rhyngddo ac i wared. Pan gryfhaodd yr
Haul rhwng y ddau ddifclair, gwelwn y
Ddaiar fawr gwmpafog megis pellen fe-
chan gron ymhell odditanom : Edrych
yrwan, eb yr Angel, ac a roes i mi ddrych-
yfpio amgen nac oedd genni fi ar y mynydd.
Pan yfpiais trwy hwn, gwelwn betheu
mewn modd arall, eglurach nac erioed or
blaen. Gwelwn un Ddinas anferthol o
faintioli, a miloedd o Ddinafoedd a Theyr-
nafoedd ynddi ; a'r Eigion mawr fel Llynn-
tro o'i chwmpas, a moroedd eraill fel afo-
nydd yn ei gwahanu hi 'n rhanneu. O hir
graffu, gwelwn Hi yn *dair Stryd fawr* tros
ben ; a *Phorth* mawr difcleirwych ymhen
ifa pob Stryd, a *Thwr* teg ar bob Porth, ac
ar bob Twr yr oedd *Merch* landeg aruthr
yn fefyll yngolwg yr holl Stryd ; a'r tri
Thwr o'r tu cefn i'r Caereu 'n cyrraedd at
odre 'r Caftell mawr hwnnw. Ar ohyd
i'r tair anferthol hyn, gwelwn *Stryd groes
arall*, a honno nid oedd ond bechan a
gwael wrth y lleill, ond ei bod hi 'n lan-
waith, ac ar godiad uwch-law 'r Strydoedd
eraill,

eraill, yn mynd rhagddi uwch uwch tu a'r
Dwyrein, ar tair eraill ar i wared tu ar
Gogledd at y Pyrth mawr. Ni fedrais i
ymattal ddim hwy heb ofyn i'm cyfell a
gawn gennad i fiarad. Beth ynteu, eb yr
Angel, ond fiarad ti gwrando 'n yftyriol,
na orffo dywedyd yr un peth i ti ond un-
waith. Gwna' f' arglwydd, ac ertolwg,
ebr fi, ple yw'r Caftell draw yn y Gogledd?
Y Caftell frŷ yn yr awyr, ebr ef, a pieu
Belial, Tywyfog llywodraeth yr Awyr, a
Llywodraethwr yr holl Ddinas fawr obry,
fe 'i gelwir *Caftell Hudol*, canys hudol mawr
yw *Belial*, a thrwy hudoliaeth y mae e'n
cadw tan ei faner y cwbl oll a weli ; oddi-
eithr y Stryd fechan groes accw. Twyfog
mawr yw hwn, a miloedd o dwyfogion
dano; Beth oedd *Cæfar* neu *Alecfander* fawr
wrth hwn? beth yw'r *Twrc* a'r hên *Lewis* o
Frainc ond gweifion i hwn? Mawr, a mawr
tros ben yw gallu, a chyfrwyfdra, a diwy-
drwydd y t'wyfog *Belial* a'i luoedd hefyd fy
ganddo heb rifedi 'n y Wlâd ifa. I ba beth
y mae 'r Merched yna 'n sefyll, ebr fi, a
phwy ydynt ? Yn ara, eb yr Angel, un
cweftiwn ar unwaith ; iw caru a'u haddoli
y maent yna. Nid rhyfedd yn wir ebr fi,
a hawddgared ydynt, pettwn perchen traed
a dwylo fel y bûm, minneu awn i garu
neu addoli y rhain. Taw, taw, ebr ynte,
os hynny a wneit â'th aelodeu, da dy fôd
hebddynt :

hebddynt : gwybydd ditheu yfpryd angall,
nad yw'r tair Twyfoges hyn ond tair hu-
doles ddiniftriol. Merched y Twyfog *Be-
lial*, a'u holl degwch a'u mwynder fy 'n
ferenni 'r Strydoedd, nid yw ond wyne-
biad ar wrthuni a chreulonder ; mae 'r
Tair oddimewn fel eu Tâd, yn llawn o
wenwyn marwol. Och fi, ai poffibl ebr
fi 'n athrift iawn, ar glwyfo o'u cariad ?
Rhy wir yfywaeth, ebr ef. Gwŷch gen-
nit y pelydru y mae'r tair ar eu haddolwyr ;
wel', ebr ef, mae yn y Pelydr accw lawer
fwyn ryfeddol, mae e'n eu *dallu* rhag gwe-
led bâch, mae e'n eu *fynnu* rhag ymwrando
a'u perygl, ac yn eu *llofci* athrachwant
diwala am ychwaneg o hono, ac ynte 'n
wenwyn marwol, yn magu ynddynt gle-
fydon anefcorol, na ddichon un meddyg,
iè, nac angeu byth bythoedd ei hiachâu, na
dim oni cheir phyfygwriaeth nefol a elwir
edifeirwch, i gyfog y drwg mewn pryd cyn
y greddfo 'n rhybell, wrth dremio gormod
arnynt. Pam, ebr fi, na fynn *Belial* yr
addoliant iddo 'i hunan ? Ond yr un peth
yw, eb ef : mae'r hên Gadno yn cael ei a-
ddoli yn eu ferched, oblegid tra bo dyn
ynglŷn wrth y rhain neu wrth un o'r tair,
mae e'n ficcr tan nôd *Belial*, ac yn gwifco 'i
lifrai ef. Beth, ebr fi, y gelwch i'r tair
Hudoles yna ? Y bella draw, eb ef, a el-
wir *Balchder*, Merch hyna *Belial* ; yr ail, yw
Plefer ;

Plefer; ac *Elw* ydy 'r nefa yma; y Tair hyn yw 'r *Drindod* y mae 'r *Byd* yn ei addoli. Atlygaf henw 'r Ddinas fawr wallwfus hon, ebr fi, os oes arni well henw na *Bedlam* fawr? Oes ebr ef, hi a elwir y *Ddinas ddihenydd.* Och fi, ai Dynion dihenydd, ebr fi, yw 'r cwbl fy ynddi? Y cwbl oll, ebr ynte, oddieithr ymbell un a ddiango allan i'r Ddinas ucha frŷ, fy tan y Brenin *IMMANUEL.* Gwae finneu a'm heiddo pa fodd y diangant, a hwythe 'n llygadrythu fyth ar y peth fy 'n eu dallu fwyfwy, ac yn eu hanreithio yn eu dallineb? Llwyr amhoffibl, ebr ynte, fyddei i undyn ddianc oddiyma, oni bai fod *IMMANUEL* oddifrŷ yn danfon ei Gennadon hwyr a boreu iw perfwadio i droi atto Ef ei hunion Frenhin oddiwrth y Gwrthryfelwr, ac yn gyrru hefyd i ymbell un anrheg o ennaint gwerthfawr a elwir *ffydd,* i iro 'u llygaid; a'r fawl a gaffo 'r *gwir* ennaint hwnnw, canys mae *rhith* o hwn fel o bob peth arall yn y *Ddinas ddihenydd,* ond pwy bynnac a ymiro â'r *iawn* ennaint, fe wêl ei friwieu ai wallco, ac nid erys yma funud hwy pe rhoe *Belial* iddo 'i dair Merch, iè, neu 'r bedwaredd, fy fwya oll, am aros. Beth y gelwir y Strydoedd mawr hyn, ebr fi? Gelwir, ebr ynte, bob un wrth henw 'r Dwyfoges fy 'n rheoli ynddi; Stryd *Balchder* yw 'r bella, y ganol Stryd *Plefer,* y nefa

Stryd

Stryd yr *Elw.* Pwy ertolwg, ebr fi, fy 'n
aros yn y Strydoedd yma? pa Iaith? pa
Ffordd? pa Genedl? Llawer, ebr ef, o
bob Iaith, a Chrefydd, a Chenedl tan yr
Haul hwn, fy 'n̄ byw ymhôb un o'r Stry-
doedd mawr obry; a llawer un yn byw ym-
hôb un o'r tair Stryd ar gyrfieu, a phawb
nefa 'r y gallo at y Porth: a mynych iawn
y mudant heb fedru fawr aros yn y naill,
gan ddäed ganddynt Dwyfoges Stryd arall:
A'r hên *Gadno* tan ei fcafell yn gado i bawb
garu ei ddewis, neu 'r tair os mynn, ficcra'
oll yw ef o hono. Tyrd yn nês attynt,
eb yr Angel, ac a'm cippiodd i wared yn
y llen-gêl, trwy lawer o fwrllwch diffaith
oedd yn codi o'r Ddinas, ac yn Stryd
Balchder defcynnafom ar ben 'hangle o Blaf-
dy penegored mawr, wedi i'r Cŵn a'r Brain
dynnu ei Lygaid, a'i berchenogion wedi
mynd i *Loegr*, neu *Frainc*, i chwilio *yno* am
beth a fafei can haws ei gael *gartre*, felly
yn lle 'r hên Dylwyth lufengar daionus
gwladaidd gynt, nid oes rwan yn cadw
meddiant ond y modryb Dylluan *hurt*, neu
Frain *rheibus*, neu Biod *brithfeilchion*, neu 'r
cyffelyb i ddadcan *campeu* y perchenogion
prefennol. Yr oedd yno fyrdd o'r fâth bla-
fau gwrthodedig, a allafei oni bai *Falchder*,
fod fel cynt yn gyrchfa goreugwyr, yn
Noddfa i'r gweiniaid, yn Yfcol Heddwch
a phob Daioni, ac yn fendith i fil o Dai
bâch

bâch o'u hamgylch. O ben y Murddyn
yma 'r oeddem yn cael digon o le, a llo-
nydd i weled yr holl Stryd o'n deu-ty.
Tai têg iawn, rhyfeddol o uchder, ac o
wychder, ac achos da, o ran bod yno Yme-
rodron, Brenhinoedd a Thwyfogion 'gan-
toedd, Gwŷr mawr a Bonheddigion fyrdd,
a llawer iawn o Ferched o bob gradd;
Gwelwn aml Goegen gorniog fel Llong ar
lawn hŵyl, yn rhodio megis mewn Ffrâm,
a chryn Siop Pedler oi chwmpas, ac wrth
eu chluftiau werth Tyddyn da o berlau:
a rhai oedd yn canu i gael canmol eu *llais*,
rhai 'n dawnfio i ddangos eu *llun*, eraill
oedd yn paentio i wellau eu *lliw;* eraill
wrth y Drŷch er's teir-awr yn ymbincio,
yn dyfcu gwenu, yn fymmud pinneu, yn
gwneud munudie' ac yftumieu. Llawer
murfen oedd yno, na wyddei pa futt i a-
gor ei gwefufeu i fiarad, chwaethach i
fwytta, na pha fodd o Wir ddyfofiwn i
edrych tan ei thraed; a llawer Yfcowl
garpiog a fynnei daeru ei bod hi cyftal
Merch fonheddig a'r oreu 'n y Strŷd; a
llawer yfcogyn rhygyngog a allei ridyllio
Ffâ wrth wynt ei gynffon. A mi 'n e-
drych o bell ar y rhain a chant o'r fâth,
dyma 'n dyfod heibio i ni globen o baunes
fraith ucheldrem ac o'i lledol gant yn fpio,
rhain 'n ymgrymmu megis iw haddoli,
ymbell un a roe beth yn ei llaw hi. Pan
fethodd

fethodd genni ddyfeifio beth oedd hi, go-
fynnais; O ebr 'ynghyfaill, un yw hon fy
â'i chynnyfcaeth oll yn y golwg, etto gweli
faint fy o rai ffolion yn ei cheifio, a'r
gwaela 'n abl, er fy arni hi o gaffaeliad;
hitheu *ni fynn a gaffo ni cheiff a ddymuno*, ac
ni fieryd ond a'i gwell am ddywedyd o'i
Mamm wrthi nad oes un gamp waeth ar
Ferch ieuanc na bod yn *ddifalch* wrth garu.
Ar hyn dyma baladr o ŵr a fafei 'n Alder-
man ac mewn llawer o fwyddeu yn dyfod
allan odditanom, yn lledu ei efcill, megis
i hedeg, ac ynteu prin y gallei ymlwybran
o glun i glun fel ceffyl a phwn, o achos y
gêft a'r *Gowt* ac amryw glefydon bonheddi-
gaidd eraill; er hynny ni cheiti ganddo
ond trwy ffafr fawr un cil-edrychiad, a cho-
fio er dim ei alw wrth ei holl *ditlau* a'i *fwy-
ddau.* Oddi ar hwn trois yngolwg tu a-
rall i'r Stryd lle gwelwn glamp o bendefig
ieuanc a lliaws o'i ôl yn dêg ei wên, a llaes
ei foes i bawb a'i cyrfyddei. Rhyfedd,
ebr fi, fod hwn a hwn accw 'n perthyn i'r
un Stryd. O, yr un Dwyfoges *Balchder*
fy'n rheoli 'r ddau, ebr ynteu: Nid yw
hwn ond dywedyd yn dêg am ei neges, hèl
clôd y mae e 'r awron, ac ar fedr wrth hyn-
ny ymgodi i'r Swydd ucha 'n y Deyrnas;
hawdd ganddo wylo wrth y bobl faint yw
eu cam gan ddrwg fwyddogion yn eu gor-
thrymmu; etto ei *fawrhâd* ei *hun*, nid
                                        llesâd

llesâd y *Deyrnas* yw corph y gainc. O hir
dremio canfûm wrth Borth y *Balchder*, Ddi-
nas dêg ar faith fryn, ac ar ben y Llys tra
ardderchog 'r oedd y *Goron driphlyg* a'r *Cle-
ddyfeu* a'r *Goriadeu* 'n groefion : wel'dyma
Rufain, ebr fi, ac yn hon y mae 'r *Pâp* yn
byw ? ie fynycha' eb yr Angel, ond mae
ganddo Lŷs ymhob un o'r Strydoedd e-
raill. Gyfeiryd â *Rhufain*, gwelwn Ddinas
a Llys teg iawn, ac arno wedi derchafu 'n
uchel *hanner lleuad* ar Faner aur, wrth hyn
gwybûm mai'r *Twrc* oedd yno. Nefa at y
Porth ond y rhain, oedd lŷs *Lewis* XIV. o
Ffrainc, fel y deellais wrth ei arfau ef, y
tair Flour-de-lis ar Faner arian ynghrôg u-
chel. Wrth felu ar uchder a mawredd y
Llyfoedd hyn, gwelwn lawer o dramwy o'r
naill Lŷs i'r llall, a gofynnais beth oedd yr
achos ; oh ! llawer achos tywyll, eb yr
Angel, fy rhwng y tri Phen cyfrwyfgry
hyn a'u gilydd : Ond er eu bod hwy 'n eu
tybio 'u hunain yn addas ddyweddi i'r tair
Twyfoges frŷ, etto nid yw eu gallu a'u
dichell ddim wrth y rheini. Ie ni thybia
Belial fawr mor holl Ddinas (er amled ei
Brenhinoedd) yn addas iw Ferched ef. Er
ei fod e 'n eu cynnyg hwy 'n briod i bawb,
etto ni roes e'r un yn hollawl i neb erioed.
Bu ymorcheftu rhwng y Tri hyn am da-
nynt ; y *Twrc* a'i geilw ei hun *Duw 'r
ddaiar*, a fynnei'r hyna 'n briod fef *Balch-
der :*

der : Nagè, meddei Frenin *Ffrainc*, myfi
pieu honno fy'n cadw fy holl ddeiliaid yn
ei Stryd hi, ac hefyd yn dwyn atti lawer o
Loegr a Theyrnafoedd eraill.   Mynnei 'r
Spaen y Dwyfoges *Elw* heb waetha i *Holland*,
a'r holl *Iddewon ;* Mynnei *Loegr* y Dwyfoges
Plefer, heb waetha i'r *Paganiaid*. Ond myn-
nei 'r Pâp y Tair, ar well rhefymmeu na 'r
lleill i gŷd : ac mae *Belial* yn ei gynnws
e 'n nefa attynt yn y tair Stryd.   Ai am
hynny y mae'r tramwy rwan, ebr fi ? nagè
ebr ef, cyttunodd *Belial* rhyngddynt yn y
matter hwnnw er 's talm.   Ond yr awron
fe roes y tri i wafcu i penneu 'nghŷd, pa
fodd nefa y gallent ddifa y Stryd groes ac-
cw, fef Dinas *IMMANUEL*, ac yn enwe-
dig un Llys mawr fy yno ; o wir wen-
wyn ei weled e 'n deccach Adeilad nac fy
yn y Ddinas ddihenydd oll.   Ac mae *Belial*
yn addo i 'r fawl a wnêl hynny, hanner ei
Frenhiniaeth tra fo ef byw, a'r cwbl pan fo
marw.   Ond er maint ei allu a dyfned ei
ddichellion, er maint o Emprwyr Brenhi-
noedd a Llywiadwyr cyfrwyfgall fy tan ei
Faner ef yn yr anferth Ddinas ddihenydd,
ac er glewed ei fyddinoedd aneirif ef tu
draw i'r Pyrth yn y Wlâd ifa, etto, eb yr
Angel, cânt weled hynny 'n ormod o dâfc
iddynt : Er maint, er cryfed, ac er dich-
lined yw 'r *Mawr* hwn, etto mae yn y Stryd
fâch accw Un fy *Fwy* nac ynteu.   Nid oe-
ddwn

ddwn i'n cael gwrando mo 'i refymmau an-
gylaidd ef yn iawn, gan y pendwmpian yr
oeddynt hyd y Stryd lithrig yma bob yn
awr ; a gwelwn rai âg yfcolion yn drin-
go 'r Twr, ac wedi mynd i'r ffon ucha, fyr-
thient bendramwnwgl i'r gwaelod : i ba le
y mae 'r ynfydion accw 'n ceifio mynd, ebr
fi ? i rywle digon uchel, eb ef, ceifio y
maent dorri tryfordy 'r Dwyfoges. Mi
wrantaf yno le llawn, ebr fi. Oes, eb ef,
bob peth a berthyn i'r Stryd yma, i'w rhan-
nu rhwng y trigolion : Pob mâth o arfeu
rhyfel i orefcyn ac ymledu ; pob mâth o ar-
feu *bonedd* banerau, fcwtfiwn, llyfreu a-
cheu, gwerfi 'r hynafiaid, cywyddeu ; pob
mâth o wifcoedd gwychion, ftoriâu gor-
cheftol, drychau ffeilfion ; pob lliwieu a
dyfroedd i deccâu 'r wynebpryd ; pob
uchel-fwyddau a thitlau : ac ar fyrr iti, mae
yno bob peth a bair i ddyn dybio 'n well
o hono 'i hun, ac yn waeth o eraill nac y
dylei. Prif Swyddogion y Tryfordy hwn
yw Meiftred y Ceremoniau, Herwyr,
Achwyr, Beirdd, Areithwyr, Gwenieith-
wyr, Dawnfwyr, Taelwriaid Pelwyr, Gw-
niadyddefau a'r cyffelyb. O'r Stryd fawr
hon, ni aethom i'r nefa lle mae 'r dwyfo-
ges *Elw* yn rheoli, Stryd lawn a chyfoe-
thog aruthr oedd *hon*, etto nid hanner mor
wŷch a glanwaith a Stryd *Balchder*, na'i
phobl hanner mor ehud wyneb-uchel, canys
dynion

dynion llechwrus ifelgraff oedd yma gan mwyaf. Yr oedd yn y Stryd hon fyrdd o *Hifpaenwyr, Hollandwyr, Venetiaid,* ac *Iddewon* yma a thraw ; a llawer iawn o hên bobl oedrannus. Attolwg Syr, ebr fi, pa ryw o ddynion yw y rhain? Rhyw *Siôn lygad y geiniog,* eb ynte, yw'r cwbl. Yn y pen ifa, cei weled y *Pâp* etto, Gorefcynnwyr Teyrnafoedd a'i Sawdwyr, Gorthrymwyr Fforeftwyr, Cauwyr y Drosfa gyffredin, Uftufiaid a'u Breibwyr, a'u holl Sîl o'r cyfarthwyr hyd at y ceisbwl : O'r tu arall, ebr ef, mae 'r Phyfygwyr, Potecariaid, Meddygon ; Cybyddion, Marfiandwyr, Ceibddeilwyr Llogwyr ; *Attalwyr* degymeu, neu gyflogeu, neu renti, neu lufenau a adawfid at Yfcolion, Lufendai a'r cyfryw : Porthmyn, Maelwyr a fydd yn cadw ac yn codi 'r Farchnad at eu llaw eu hunain : Siopwyr (neu Siarpwyr) a elwant ar *angen,* neu *anwybodaeth* y prynwr, Stiwardiaid bob gradd, Clipwyr, Tafarnwyr fy'n *yfpeilio* Teuluoedd yr oferwyr o'u *dâ,* a'r Wlâd oi *Haidd* at fara i'r tlodion. Hyn oll o *Garnlladron,* ebr ef ; a mân-ladron yw 'r lleill, gan mwya fy ymhen ucha 'r Stryd, fef Yfpeilwyr-ffyrdd, Taelwriaid, Gwehyddion, Melinyddion, Mefurwyr gwlŷb a fŷch a'r cyffelyb. Ynghanol hyn, clywn ryw anfad rydwft tu a phen ifa 'r Stryd, a thyrfa fawr o bobl yn ymdyrru tu a'r Porth, a'r

fath

fath ymwthio ac ymdaeru, a wnaeth i mi
feddwl fod rhyw ffrae gyffredin ar droed,
nes gofyn i'm cyfaill beth oedd y matter ;
Tryfor mawr tros ben fy'n y Tŵr yna, eb
yr Angel, a'r holl ymgyrch fy i ddewis
Tryforwr i'r Dwyfoges yn lle 'r Pàp a dro-
wyd allan o'r Swydd. Felly nineu aethom
i weled y '*Lecfiwn*. Y Gwŷr oedd yn fefyll
am y Swydd oedd y *Stiwardiaid*, y *Llogwyr*, y
Cyfreithwyr a'r *Maerfiandwyr*, a'r cyfoethocca
o'r cwbl a'i cai : (oblegid pa mwya fy gen-
nit, mwya gei ac y geifi, rhyw *ddolur diwala*
fy'n perthyn i'r Stryd.) Gwrthodwyd y
Stiwardiaid y cynnyg cynta, rhag iddynt
dlodi 'r holl Stryd, ac fel y codafeint eu
Plafau ar furddynnod ei Meiftred, felly
rhag iddynt o'r diwedd droi 'r Dwyfoges
ei hun allan o feddiant. Yna rhwng y tri
eraill yr aeth y ddadl ; mwy o Sidaneu
oedd gan y Marfiandwyr, mwy o Weithre-
doedd ar Diroedd gan y Cyfreithwyr, a
mwy o Godeu llownion, a Bilieu a Bandieu
gan y Llogwyr. Hai, ni chyttunir heno,
eb yr Angel, tyrd ymaith, cyfoethoccach
yw'r Cyfreithwyr na'r Marfiandwyr, a
chyfoethoccach yw'r Llogwr na'r Cyfreith-
wyr, a'r Stiwardiaid na'r Llogwyr, a *Belial*
na'r cwbl, canys ef a'u pieu hwy oll a'u
petheu hefyd. I ba beth y mae 'r Dwyfo-
ges yn cadw 'r Lladron hyn o'i chylch, ebr
fi ? Beth gymmwyfach, eb ynte, a hi 'n

Ben-

Ben-lladrones ei hun. Synnais ei glywed
e'n galw 'r Dwyfoges felly, a'r Bon'ddigion
mwya yno, yn Garn-lladron; Attolwg
f' arglwydd, ebr fi, pa fodd y gelwch y
Pendefigion urddafol yna yn fwy Lladron
na 'Speilwyr-ffyrdd? Nid wyti ond ehud,
ebr ef: Onid yw'r cnà êl â'i gleddy 'n ei
law a'i reibwyr o'i ôl, hyd y byd tan ladd,
a llofci, a lladratta Teyrnafoedd oddi ar eu
hiawn berch'nogion, ac a ddifgwyl wedi
ei addoli yn Gyncwerwr, yn waeth na Llei-
dryn a gymer bwrs ar y Ffordd-fawr? Beth
yw Taeliwr a ddŵg ddarn o frethyn, wrth
Wr mawr a ddŵg allan o'r Mynydd ddarn
o Blwy? Oni haeddei hwn ei alw 'n Garn-
lleidr wrth y llall? ni ddûg hwnnw ond cyn-
hinion oddiarno *ef,* eithr efe a ddûg oddiar
y *tlawd* fywioliaeth ei anifail, ac wrth hyn-
ny, ei fywioliaeth ynteu a'i weiniaid. Beth
yw dwyn dyrneid o flawd yn y Felin,
wrth ddwyn cant o hobeidieu i bydru, i
gael gwedi werthi un ymhrîs pedwar? Beth
yw Sawdwr lledlwm addycco dy ddillad
wrth ei gleddyf, wrth y Cyfreithwyr a
ddwg dy holl ftât oddiarnat, â chwil gwydd,
heb nac iawn na rhwymedi i gael arno? A
pheth yw Pigwr-pocced, a ddygo bum-
pynt, wrth gogiwr dîs, a'th yfpeilia o gant-
punt mewn traean nôs? A pheth yw Hwnd-
liwr ath fiommei mewn rhyw hên geffyl,
methiant, wrth y Potecari a'th dwylla o'th

arian

arian a'th hoedl hefyd am ryw hên phyfy-
gwriaeth fethedig? Ac etto, beth yw 'r
holl Ladron hyn wrth y Pen-lladrones fawr
yna fy'n dwyn oddiar y cwbl yr holl be-
theu hyn, a'u calonneu, a'u heneidieu yn
niwedd y ffair. O'r Stryd fawaidd anrhef-
nus hon, ni aethom i Stryd y Dwyfoges
Plefer, yn hon gwelwn lawer o *Fritaniaid,*
Ffrancod, Italiaid, Paganiaid, &c. Twyfo-
ges lân iawn yr olwg oedd hon, â gwin
cymmyfc yn y naill law, a chrŵth a the-
lyn yn y llall: ac yn ei Thryforfa aneirif
o blefereu a theganeu i gael cwfmeriaeth
pawb, a'u cadw yn gwafanaeth ei Thâd,
Iè, 'r oedd llawer yn dianc i'r Stryd fwyn
hon, i fwrw triftwch eu colledion a'u dy-
ledion yn y Strydoedd eraill. Stryd lawn
aruthr oedd hon, o bobl ieuanc yn enwe-
dig; a'r Dwyfoges yn ofalus am foddio
pawb a chadw faeth i bôb nôd. Os fyche-
dig wyt, mae i ti yma dy ddewis ddiod:
Os ceri ganu a dawnfio, cei yma dy wala.
Os denodd glendid hon, di i chwantio
corph Merch, nid rhaid iddi ond codi bŷs
ar un o Swyddogion ei Thâd (fy o'i ham-
gylch bôb amfer er nas gwelir) a hwy a
drofglwyddant iti fenyw yn ddiattreg;
neu *gorph* putten newydd gladdu, a hwy-
theu ânt i mewn iddo yn lle *enaid,* rhag i ti
golli pwrpas mor ddaionus. *Yma* mae tai
têg a gerddi tra hyfryd, perllannau llownion,
llwyni

llwyni cyfcodol, cymmwys i bob dirgel
ymgyfarfod i ddal adar, ac ymbell gwn-
ningen wen : afonydd gloew tirion iw pyf-
cotta, meufydd maith cwmpafog, hawdd-
gar i erlid ceunach a chadno. Hyd y Strŷd
allan gwelit *chwareuon* Interlud, fiwglaeth a
phob *caftieu* hûg, pob rhyw *gerdd* fafwedd
dafod a *thant*, canu baledeu, a phôb digri-
fwch ; a phob rhyw lendid o Feibion a
Merched yn canu ac yn dawnfio, a llawer
o Stryd *Balchder* yn dyfod yma i gael eu
moli a'u haddoli. Yn y tai, gwelem rai ar
welâu fidanblu yn ymdrobaeddu mewn
trythyllwch : rhai 'n tyngu ac yn rhegu
uwchben y *Dabler*, eraill yn fiffrwd y *Difieu*
a'r *Cardieu*. Rhai o Stryd *Elw* a chanddynt
yftafell yn *hon*, a redeint yma a'u harian iw
cyfry, ond ni arhoent fawr rhag i rai o'r
aneirif deganeu fy yma eu hudo i ymadel â
pheth o'u harian yn ddi-lôg. Gwelwn e-
raill yn fyrddeidieu yn gwledda, a pheth o
bob creadur o'u blaen; a chwedi i bob un
o faig i faig folera cymmaint o'r daintei-
thion, ac a wnaethei wledd i ddŷn cym-
medrol tros wythnos, yna *bytheirio* oedd y
grâs bwyd, yna moefwch iechyd y bre-
nin, yna iechyd pob cydymaith da, ac felly
ymlaen i foddi archfa 'r bwydydd, a gofa-
lon hefyd : yna *Tobacco*, yna pawb a'i *Stori*
ar ei gymydog, os gwir, os celwydd, nis
gwaeth, am y bo hi 'n *ddigrif*, neu 'n *ddi-*
weddar,

weddar, neu 'n ficcr, os bydd hi rhwybeth
gwradwyddus. O'r diwedd rhwng ymbell
fytheiriad trwm, a bod pawb â'i biftol pridd
yn chwythu mŵg a thàn, ac abfen iw
gymydog, a'r llawr yn fudr eufys rhwng
colli diod a phoeri, mi ofnais y gallei gaftie'
butrach na rheini fod yn agos, ac a ddei-
fyfiais gael fymmud. Oddi yno ni aethom
lle clywem drŵft mawr, a churo a dwn-
drio, a chrio a chwerthin, a bloeddio a
chanu. Wel'dyma *Fedlam* yn ddiddadl,
ebr fi. Erbyn i ni fyned i mewn, darfafei 'r
ymddugwd, ac un ar y llawr yn glwtt, un
arall yn bwrw i fynu, un arall yn pendwm-
pian uwchben aelwyded o fflagenni tolciog,
a darneu pibelli a godardeu ; a pheth erbyn
ymorol, ydoedd ond cyfeddach rhwng faith
o gymdogion fychedig, *Eurych*, a *Lliwydd*, a
Gof, *Mwyngloddiwr*, *'Scubwr-fimneiau*, a *Phry-
dydd*, ac *Offeiriad* a ddaethei i bregethu fo-
brwydd, ac i ddangos ynddo 'i hun wrthu-
ned o beth yw *meddwdod* ; a dechreu 'r
ffrwgwd diweddar oedd dadleu ac ym-
daeru fafei rhyngddynt, p'run oreu o'r feith-
ryw a garei bot a phibell ; a'r Prydydd
aethei à'r maes ar bawb ond yr Offeiriad, a
hwnnw, o barch iw fiacced, a gawfei 'r
gair trecha, o fod yn ben y cymdeithion
dâ, ac felly cloes y Bardd y cwbl ar
gàn :

O'r

O'r dynion p'le 'r adwaenych,
A'r ddaiar faith faith mor fych,
A'r goreu o'r rhain am gwrw rhudd,
Offeiriedyn a Phrydydd.

Wedi llwyrflino ar y môch abrwyfc hyn,
ni aethom yn nês i'r Porth i fpio gwallieu i
ardderchog Lŷs *Cariad* y Brenhin cibddall,
lle hawdd mynd i mewn, ac anhawdd
mynd allan, ac ynddo aneirif o Stafelloedd.
Yn y Neuadd gyfciryd a'r drŵs, yr oedd
Cuwpid benfyfrdan â'i ddwy faeth ar ei fŵa,
yn ergydio gwenwyn nychlyd a elwir
blys. Hyd y llawr gwelwn lawer o Fer-
ched glân trwfiadus yn rhodio wrth yf-
cwîr, ac o'u lledol drueiniaid o Lancieu
yn tremio ar eu tegwch, ac yn erfyn bob
un am gael gan ei baunes un cil-edrychiad,
gan ofni Cuwch yn waeth nac Angeu ;
ymbell un tan blygu at lawr, a roe *Lythyr*
yn llaw ei Dduwies, un arall *Gerdd,* a dif-
gwyl yn ofnus fel 'Scolheigion yn dangos
eu Tâfc iw Meiftr ; a hwytheu a roent ym-
bell gip o Wên gynffonnog i gadw eu ha-
ddolwyr mewn awch, ond nid dim ychwa-
neg, rhag iddynt dorri eu blŷs, a mynd
yn iâch o'r *Clwy* ac ymadcl. Mynd ym-
laen i'r *Parlwr,* gwelwn ddyfcu dawnfio, a
chanu, â llais ac â llaw i yrru eu Cariadeu yn
faith ynfyttach nac oeddynt eufys : Mynd
i'r

i'r *Bwytty,* dyfcu 'r oeddid yno werfi o gym-
hendod mindlws wrth fwytta : Mynd i'r
Seler, yno cymyfcu Diodydd cryfion o
fwyn-ferch o greifion ewinedd a'r cyffelyb :
Mynd i fyny i'r *Llofftydd,* gwelem un mewn
'ftafell ddirgel yn gwneud pob yftumieu
arno 'i hun i ddyfcu moes boneddigaidd iw
Gariad ; un arall mewn Drŷch yn dyfcu
chwerthin yn gymmwys heb ddangos iw
Gariad ormod o'i ddannedd ; un arall yn
tacclufo 'i chwedl erbyn mynd atti hi, ac yn
dywedyd yr un wers ganwaith trofti. Bli-
no ar y ffloreg ddiflas honno, a myned i
gell arall, yno 'r oedd Pendefig wedi cyr-
chu Bardd o Strŷd *Balchder,* i wneud Cerdd
fawl iw angyles, a chywydd moliant iddo
'i hun ; â'r Bardd yn dadcan ei gelfyddyd,
mi fedraf, ebr ef, ei chyffelybu hi i bob
côch a *gwyn* tan yr Haul, a'i gwâllt hi i gan
peth melynach na 'r aur ; ac am eich Cy-
wydd chwitheu, medraf ddwyn eich A-
cheu trwy berfedd llawer o Farchogion, a
Thywyfogion, a thrwy 'r dw'r Diluw, a'r
cwbl yn glîr hyd at *Adda.* Wel' dyma
Fardd, ebr fi, fy well olrheiniwr na mi :
Tyrd, tyrd, eb yr Angel, mae rhain ar fedr
twyllo 'r fenyw, ond pan elont atti, bid
ficcr y cânt atteb caft am gaft. Wrth yma-
del â rhain, gwelfom gip ar gelloedd lle 'r
oeddid yn gwneud caftieu bryntach nac y
gâd gwylder eu henwi, a wnaeth i'm Cy-
dymaith

dymaith fy nghippio i 'n ddigllon o'r Llŷs
penchwiban yma, i Dryſordy 'r Dwyſoges
(oblegid ni aem lle chwenychem er na
doreu na chloieu.) Yno gwelem fyrdd o
Ferched glân, pôb diodydd, ffrwythydd,
dainteithion, pob rhyw offer a llyfreu cerdd
dafod a thant, telyneu, pibeu, cywyddeu,
caroleu, &c. pôb màth o chwareuon tawl-
bwrdd ffriſtial, diſieu, cardieu, &c. pôb
llunieu gwledydd, a threfi, a dynion, a
dyfeiſieu, a chaſtieu digrif : pôb dyfroedd,
pêr-arogleu, a lliwieu, a ſmottieu i wneud
yr wrthun yn lân, a'r hên i edrych yn
ieuanc, ac i ſawyr y buttain a'i heſcyrn
pwdr fod yn beraidd tros y tro. Ar fyrr,
yr oedd yno bôb màth o *gyſgodion* pleſer, a
rhith hyfrydwch : ac o ddywedyd y gwir,
ni choelia 'i na walliaſei 'r fan yma finneu,
oni baſei i'm Cyfeill yn ddiymannerch, fy
nghipio i ymhell oddiwrth y tri Thŵr hu-
dol i ben ucha 'r Strydoedd, a'm deſcyn i
wrth gaſtell o *Lys* anferthol o faint, a thi-
rion iawn yr olwg cynta, ond gwael a gwr-
thun arſwydus o'r tu pella, etto ni welid
ond yn anhawdd iawn mor tu gwrthun ; a
myrdd o ddryſeu oedd arno a'r holl ddoreu
'n wŷch y tu allan, ond yn bwdr y tu
mewn. Attolwg, f' Arglwydd, ebr fi, os
rhyngai 'ch bodd p'le yw 'r fan ryfeddol
hon ? Hwn, ebr ef, yw Llŷs ail Ferch *Be-
lial*, a elwir *Rhagrith:* Yma mae hi 'n cadw
ei

ei Hyfcol, ac nid oes na Mâb na Merch o
fewn yr holl Ddinas, na fu 'n 'Scolheigion
iddi hi, a rhan fwya'n yfed eu Dyfc yn o-
diaeth, fel y gwelir ei gwerfi hi wedi mynd
yn ail natur yn gyfrodedd trwy eu holl fe-
ddylieu, geirieu a gweithredoedd agos er
yn blant.   Wedi i mi fpio ennyd ar ffalfder
pob cwrr o'r Adeilad, dyma *Ganhebrwng* yn
mynd heibio, a myrdd o wylo ac ochain, a
llawer o ddynion a cheffyleu wedi eu hulio
mewn galarwifcoedd duon ; ymhen en-
nyd, dyma 'r druan *Weddw*, wedi ei mw-
gydu rhag edrych mwy ar y byd brwnt
yma, yn dyfod tan leifio 'n wann, ac och'nei-
dio 'n llêfc rhwng llefmeirieu : Yn wîr, ni
fedrais inneu nad wylais beth o dofturi :
Iè, iè, eb yr Angel, cedwch eich dagreu at
rywbeth rheitiach : Nid yw 'r lleifieu hyn
ond dyfc *Rhagrith*, ac yn ei Hyfcol fawr
hi, y lluniwyd y gwifcoedd duon yna.
Nid oes un o rhain yn wylo o ddifri : Mae'r
Widw, cyn mynd corph hwn o'i thŷ, wedi
gollwng *Gwr arall* eufys at ei chalon ; pe
cai hi ymadel â'r gôst fy wrth y corph, ni
waeth ganddi o frwynen pettei ei enaid ef
yn ngwaelod Uffern, na'i geraint ef mwy
na hitheu ; oblegid pan oedd gletta arno,
yn lle ei gynghori 'n ofalus, a gweddio 'n
daerddwys am drugaredd iddo, fôn yr oeddid
am ei Betheu, ac am ei Lythyr-cymmun,
neu am ei Acheu, neu laned, gryfed Gŵr
                                        ydoedd

ydoedd ef, a'r cyffelyb : Ac felly rwan nid
yw 'r wylo yma, ond rhai o ran defod ac
arfer, eraill o *gwmnhi*, eraill am eu *cyflog*.
Prin yr aethei rhai'n heibio, dyma Dyrfa a-
rall yn dyfod i'r golwg, rhyw Arglwydd
gwŷch aruthr, a'i Arglwyddes wrth ei glun,
yn mynd yn araf mewn ſtât, a llawer o
Wyr cyfrifol yn eu gapio a myrdd hefyd
ar eu traed yn dangos iddo bôb ufudd-dod
a pharch ; ac wrth y *Ffafreu*, deellais mai
Priodas ydoedd. Dyma Arglwydd ardder-
chog, ebr fi, fy 'n haeddu cymmaint parch
gan y rhai'n oll. Ped yſtyrid y cwbl, ti a
ddywedit rywbeth arall, eb ef : Un o Stryd
Pleſer yw 'r Arglwydd yma, a Merch yw
hitheu o Strŷd *Balchder* ; a'r henddyn accw
fy 'n ſiarad âg ef, un ydyw o Stryd yr *Elw*,
fy ganddo arian ar hôll dîr yr Arglwydd a-
gos, a heddyw 'n dyfod i orphen taledi-
gaeth : ni aethom i glywed yr ymddiddan.
Yn wîr, Syr, meddei 'r Codog, ni fynna-
ſwn i er a feddai, fod arnoch eiſieu dim a'r
a allwn i at ym ddangos heddyw 'n debyg
i chwi 'ch hunan, ac yn ſiccr gan ddarfod
i chwi daro wrth Arglwyddes mor hawdd-
gar odidog a hon ; (a'r Cottyn hên-graff
yn gwybod o'r goreu beth oedd hi.) Myn,
myn, myn, eb yr Arglwydd, neſa pleſer at
edrych ar degwch hon, oedd wrando 'ch
mwynion reſymmeu chwi ; gwell genni
dalu i chwi lôg, na chael arian yn rhâd gan
                                          neb

neb arall. Yn ddiau, f' Arglwydd, ebr un o'r pen-cymdeithion a elwid Gwenieithiwr, nid yw f' ewythr yn dangos dim ond a haeddechi o barch, ond trwy 'ch cennad, ni roes ef hanner a haeddei f' Arglwyddes o glôd. Ni cheifiai, ebr ef, ond gwaetha ungwr ddangos ei glanach hi 'n hôll Stryd *Balchder*, na 'ch gwychach chwithe 'n hôll Stryd *Plefer*, na 'ch mwynach witheu f' ewythr yn Stryd yr *Elw*. O 'ch tŷb dda chwi, eb yr Arglwydd, yw hynny, ond ni choeliai fynd o ddau ynghŷd erioed trwy fwy o gariad na ninneu. Fel yr oeddynt yn mynd ymlaen, yr oedd y dyrfa 'n cynnyddu, a phawb yn deg ei wên, ac yn llaes ei foes i'r llall, ac yn rhedeg i ymgyfwrdd a'u trwyneu gan lawr, fel dau Geiliog a fyddei 'n mynd i daro. Gwybydd weithian, eb yr Angel, na welaifti etto *foes*, ac na chlywaift yma *air*, ond o werfi *Rhagrith*. Nid oes yma un wedi 'r holl fwynder, a chanddo ffyrlingwerth o gariad i'r llall, iè, gelynion yw llawer o honynt iw gilydd. Nid yw 'r Arglwydd yma, ond megis *cyffclér* rhyngthynt, a phawb a'i grab arno. Mae 'r Feinir a'i bryd ar ei *fawredd* a'i *fonedd* ef, modd y caffo hi 'r blaen ar lawer o'i chymdogefau. Y Cott fy a'i olwg ar ei *Dir* ef iw Fab ei hun, y lleill i gyd ar *Arian* ei gynnyfcaeth ef, oblegid ei ddeiliaid ef ydynt oll, fef ei

Far-

Farfiandwyr, ei Daelwriaid, ei Gryddion,
a'i Grefftwyr eraill ef, au huliodd ac a'i
maentumiodd e'n yr holl wychder mawr
hwn, ac heb gael ffyrling etto, nac yn de-
byg i gael, ond geirieu têg, ac weithieu fy-
gythion ondodid. Bellach, pa fawl tô, pa
fawl plŷg a roes *Rhagrith* yma ar wyneb y
Gwirionedd! Hwn yn addo mawredd iw
Gariad, ac ynteu ar werthu ei Dir; hithe 'n
addo cynnyfcaeth a glendid heb feddu, ond
glendid *gofod*, a'r hên gancr yn ei Chyn-
nyfcaeth ai Chorph hefyd. Wel'dyma ar-
wydd, ebr fi, na ddylid fyth farnu wrth y
golwg. Iè, tyrd ymlaen, ebr ef, a dan-
gofaf i ti beth ychwaneg; ar y gair f' a'm
trofglwyddodd i fynu, lle 'r oedd Eglwyfi 'r
Ddinas ddihenydd, canys yr oedd rhîth o
Grefydd gan bawb ynddi hyd yn oed y di-
grêd. Ac i *Deml* yr *anghred* yr aethom
gynta, gwelwn yno rai yn addoli llun *Dyn*,
eraill yr *Haul*, eraill y *Lleuad*, felly aneirif
o'r fath Dduwieu eraill, hyd at y *Winwyn*
a'r *Garlleg* ; a Duwies fawr a elwid *Twyll*, yn
cael addoliant cyffredinol ; er hynny gwe-
lit beth ôl y Grefydd *Gryftianogol* ymŷfc y
rhann fwya o'r rhain. Oddi yno ni ae-
thom i gynulleidfa o rai *Mudion*, lle nid
oedd ond ochneidio, a chrynu, a churo 'r
ddwyfron. Dyma, eb er Angel, rith o
edifeirwch a goftyngeiddrwydd mawr,
ond nid oes yma ond 'piniwn, a chyndyn-
rhwydd,

rhwydd, a balchder, a thywyllwch dudew ;
er maint y foniant am eu *Goleuni oddimewn,*
nid oes ganddynt gymaint a *Spectol* natur pe
fy gan y digrêd y welaift gynneu.   Oddi-
wrth y cŵn mudion digwyddodd i ni droi
i Eglwys fawr benegored, a myrdd o efci-
dieu yn y porth, wrth y rhain deellais mai
teml y *Tyrciaid* ydoedd ; nid oedd gan y
rhain ond *Spectol* dywyll a chymyfclyd
iawn a elwid *Alcoran* ; etto trwy hon 'r
oeddynt fyth yn fpio 'mhen yr Eglwys am
eu Prophwyd a addawfei ar ei air celwydd,
ddychwel i ymweled â hwynt er's talm,
ac etto heb gywiro.   Oddiyno 'r aethom i
Eglwys yr *Iddewon,* 'r oedd y rhain hwy-
the 'n methu cael y ffordd i ddianc o'r
Ddinas ddihenydd, er bod Spectol lwyd-
oleu ganddynt, am fôd rhyw huchen wrth
fpio 'n dyfod tros eu llygaid eifieu i hiro a'r
gwerthfawr ennaint, *ffydd.*   Yn nefa 'r
aethom at y *Papiftiaid* ; dyma, eb yr Angel,
yr Eglwys fy 'n *twyllo 'r Cenhedloedd !* Rha-
grith a adeiladodd yr Eglwys yma ar ei
chôft ei hun.   Canys mae 'r Papiftiaid yn
cynnws, ie 'n gorchymyn na chadwer llw
â Heretic, er darfod ei gymmeryd ar y
Cymmun : O'r Ganghell ni aethom trwy
dylleu cloieu i ben rhyw gell neilltuol,
llawn o ganhwylleu ganol dydd goleu, lle
gwelem Offeiriad wedi eillio 'i goryn yn
rhodio, ac megis yn difgwil rhai atto ; yn

y

y man, dyma globen o Wraig a Llances
lân o'i hôl, yn mynd ar ei glinieu o'i flaen
ef, i gyfadde'i phechodeu : Fy nhâd yſpry-
dol ebr y Wreigdda, mae arna 'i faich rhy-
drwm ei oddef, oni châf eich trugaredd iw
yſcafnhau ; mi briodais un o Eglwys *Loegr*;
ac, pa beth, ebr y Corynfoel, priodi He-
retic ! priodi Gelyn ! nid oes fyth faddeu-
ant iw gael ; ar y gair hwnnw hi a leſmei-
riodd, ac ynte 'n bugunad melltithion arni,
och a phe ſy waeth, ebr hi, pan ddade-
brodd, mi a'i lleddais ef ! O, ho ! a le-
ddaiſti ef, wel'dyma rywbeth at cael cym-
mod yr Eglwys, 'r wyfi 'n dywedyd itti,
oni bai ladd o honot ef, ni chawſit fyth
ollyngdod, na phurdan, ond mynd yn u-
nion i Ddiawl wrth blwm. Ond p'le mae
'ch Offrwm chwi 'r Faeden, ebr ef, tan
'ſcyrnygu ? Dyma, ebr hi, ac eſtynnodd
gryn-god o arian ; wel, 'ebr ynte, 'bellach
mi wnâ 'ch cymmod, eich Penyd yw bôd
bŷth yn weddw, rhag i chwi wneud drwg-
Fargen arall. Pan aeth hi ymaith, dyma 'r
Forwyn yn dyfod ymlaen i draethu ei chy-
ffes hitheu : Eich pardwn y Nhâd-cyffeſwr
ebr hi, mi a feichiogais, ac a leddais fy
Mhlentyn. Têg iawn yn wîr, ebr y Cy-
ffeſwr, a phwy oedd y Tâd ? Yn wîr, un
o'ch Monachod chwi, ebr hi, iſt, iſt, eb ef,
dim anair i Wyr yr Eglwys : Ple mae 'r
iawn i'r Eglwys ſy gennych ? Dyma, ebr
hitheu,

hitheu, ac a eftynnodd iddo euryn. Rhaid
i chwi edifarhau, a'ch Penyd yw gwilied
wrth fy ngwelu i heno, ebr ef, tan gîl-
wenu arni hi. Yn hyn, dyma bedwar o
rai moelion eraill yn llufco dynan at y Cy-
ffefwr, ac ynte 'n dyfod mor 'wllyfcar ac
at grogpren. Dyma i chwi geneu, ebr un
o'r pedwar, i ddwyn ei benyd am ddadcu-
ddio dirgelion yr Eglwys Gatholic. Pa
beth, ebr y Cyffefwr, tan edrych ar ryw
fiêl ddu oedd yno gerllaw? Ond cyffefa
filein beth a ddywedafti? Yn wìr, eb y
truan, cymydog a ofynnodd i mi, a wel-
fwn i'r *Eneidieu* 'n griddfan tan yr Allor
Ddygwyl y Meirw, minneu ddywedais, gly-
wed y llais, ond na welfwn i ddim. Aiè
Syre, dywedwch y cwbl, ebr un o'r lleill.
Ond mi attebais, ebr ef, glywed o hono 'i
mai gwneud caftieu 'r ŷ chwi, â ni 'r an-
llythrennog, nad oes yn lle Eneidieu ond
Crancod y Môr yn 'fcyrlwgach tan y car-
bed. O Fàb y Fall, o Wyneb y Felltith!
ebr y Cyffefwr, ond ewch ymlaen Faftiff;
ac mai weir oedd yn troi delw St. *Pedr*, ac
mai wrth weir yr oedd yr Yfpryd Glân
yn defcyn o lofft y grôg ar yr Offeiriad.
O etifedd Uffernl! eb y Cyffefwr, hai, hai,
cymrwch ef Boenwyr, a theflwch ef i'r Sim-
nei fyglyd yna, am ddywedyd chwedleu.
Weldyma i ti 'r Eglwys a fyn *Rhagrith* ei
galw 'n Eglwys Gatholic, ac mai rhain yw 'r
unic

unic rai cadwedig, eb yr Angel : Bu gan y
rhain yr iawn *Spectol,* eithr torrafant hyd y
gwydr fyrdd o lunieu ; a bu ganddynt wir
ffydd, ond hwy a gymyfcafant yr ennaint
hwnnw a'u defnyddieu newyddion eu hu-
nain, fel na welant mwy na 'r anghred.
Oddiyno ni aethom i '*Scubor,* lle 'r oedd
un yn dynwared Pregethu ar ei dafod le-
ferydd, weithieu 'r un peth deirgwaith
olynol.   Wel, 'eb yr Angel, mae gan y
rhain yr iawn *Spectol* i weled y petheu a
berthyn iw heddwch, ond bod yn fyrr yn
eu hennaint un o'r defnyddieu anghenrhei-
tia, a elwir cariad perffaith.   Mae amryw
achofion yn gyrru rhai *yma ;* rhai o ran
parch iw hynafiaid, rhai o anwybodaeth, a
llawer er manteifieu bydol.   Gwnaent iti
dybio 'u bôd yn tagu ar wyneb, ond hwy
a fedrant lyncu Llyffaint rhag angen : Ac
felly mae 'r Dwyfoges *Rhagrith* yn dyfcu
rhai mewn Scuboriau.   Ertolwg, ebr fi,
p'le weithian y mae *Eglwys Loegr ?* O, ebr yn-
teu, mae honno yn y Ddinas ucha 'frŷ yn
rhann fawr o'r *Eglwys Gatholic.*   Ond, ebr
ef, mae 'n y Ddinas *yma* rai Eglwyfi *Prawf,*
yn perthyn i *Eglwys Loegr,* lle mae 'r *Cymru*
a'r *Saefon* tan brawf tros dro, iw cymmwyfo
at gael eu henweu 'n Llyfr yr *Eglwys Ga-
tholic,* a'r fawl a'i caffo, *gwyn ei fyd fyth !*
Eithr nid oes fywaeth ond ychydig yn
ymgymmwyfo i gael braint yn honno.

O

O blegid yn lle edrych tuac yno, mae gor-
mod yn ymddallu wrth y tair Twyfoges
obry, ac mae *Rhagrith* yn cadw llawer, ac
un llygad ar y Ddinas ucha, a'r llall a'r yr
ifa ; iè, mae *Rhagrith* cyn lewed a thwyllo
llawer o'u ffordd, wedi iddynt orfod y
tair Hudoles eraill. Tyrd i mewn yma,
cei weled ychwaneg, ebr ef, ac a'm ci-
piodd i lofft y grôg, un o Eglwyfi *Cymru,*
a'r bobl ar ganol y Gwafanaeth, yno gwe-
lem rai 'n fifial fiarad, rhai 'n chwerthin
rhai 'n tremio ar Ferched glân, eraill yn
darllen gwifciad eu Cymydog o'r coryn i'r
fowdl, rhai 'n ymwthio ac yn ymddanhe-
ddu am eu braint, rhai 'n heppian, eraill
yn ddyfal ar eu dyfofiwn, a llawer o rhei-
ni hefyd yn rhagrithio. Ni welaifti etto,
eb yr Angel, na ddo 'myfc yr anghred,
ddigywilydd-dra mor oleu-gyhoedd a
hwn ; ond felly mae fywaeth *llygriad y*
peth goreu yw'r llygriad gwaetha' oll. Yna
hwy a aethant i'r Cymmun, a phob un yn
ymddangos yn fyrn barchus i'r Allor. Er
hynny (trwy ddrŷch fy nghyfeill) gwe-
lwn ymbell un gyda 'r bara yn derbyn iw
fol megis llun *Maftiff,* un arall *Dwrchdaiar,*
un arall megis *Eryr,* un arall *Fochyn,* un arall
megis *Sarph hedegog*; ac ychydig, o mor y-
chydig yn derbyn pelydryn o oleuni dif-
clair gyda 'r bara a'r gwin. Dyna, ebr ef,
Rowndiad fy 'n mynd yn Siri ac o ran,
bod

bod y Gyfraith yn gofyn cymmuno 'n yr
Eglwys cyn cael Swydd, ynte' ddaeth yma
rhag ei cholli : ac er bod yma rai 'n llawenu
ei weled ef, ni bu etto yn ein plith ni ddim
llawenydd o'i droedigaeth ef ; wrth hynny
ni throes ef fywaeth ond tros y tro : ac felly
ti weli fôd *Rhagrith* yn dra hŷ ddyfod at yr
Allor o flaen *IMMANUEL* ddifiommedig.
Ond er maint yw hi yn y Ddinas ddihe-
nydd, ni all hithe ddim yn Ninas *IMMA-
NUEL* tu ucha 'r Gaer accw. Ar y gair,
ni a droefom ein hwynebeu oddiwrth y
Ddinas fawr ddihenydd, ac aethom ar i
fynu, tu a'r Ddinas fach arall ; wrth fyned
gwelem ymhen ucha 'r Strydoedd lawer
wedi lled-troi oddiwrth hudoliaeth y *Pyrth
dihenydd*, ac yn ymorol am *Borth y bywyd*,
ond naill ai methent ei gael, ai blinent ar
y ffordd, nid oedd fawr iawn yn mynd
trwodd, oddieithr un dyn wynebdrift oedd
yn rhedeg oddifri a myrdd o'i ddeutu 'n ei
ffoli, rhai 'n ei watwar, rhai 'n ei fygwth,
a'i geraint yn ei ddàl ac yn ei greu i beidio
ai daflu ei hun i golli 'r holl fŷd ar un-
waith. Nid wyfi, ebr ynte 'n colli ond
rhan fechan o hono, a phe collwn i'r cwbl ;
Ertolwg pa'r golled yw ? O blegid be' fy
yn y Byd mor ddymunol, oni ddymunei
ddyn dwyll a thrais, a thrueni, a drygioni,
a phendro, a gwallco ? *Bodlonrhwydd* a
Llonyddwch, ebr ef, yw happufrwydd dyn,
ond

ond nid oes yn eich Dinas chwi ddim o'r
fâth betheu iw cael. Oblegid pwy fy
yma 'n *fodlon* iw ftàt ? *uwch, uwch* y cais
pawb o Stryd *Balchder* ; moes, moes y-
chwaneg, medd pawb yn Stryd yr *Elw* ;
melus, moes etto yw llais pawb yn Stryd
Plefer. Ac am *Lonyddwch*, p'le mae ? a
phwy fy 'n ei gael ? Os Gŵr *mawr*, dyna
weniaith a chynfigen ar ei ladd ; os *tlawd*,
hwdiwch bawb iw fathru a'i ddiyftyru.
Os mynni godi, dyro dy fryd ar fynd yn
Ddyfeifiwr, os mynni barch bydd Ffro-
ftiwr neu Rodrefwr. Os byddi Duwiol
yn cyrchu i'r Eglwys a'r Allor, gelwir di
'n Rhagrithiwr, os peidi, dyna di 'n An-
ghrift ne' 'n Heretic : Os llawen fyddi,
gelwir di 'n wawdiwr : os diftaw, gelwir
di 'n goftog gwenwynllyd ; os dilyni one-
ftrwydd, nid wyti ond ffŵl di-ddeunydd ;
os trwfiadus, balch ; os nadè, mochyn ; os
llyfn dyleferydd, dyna di 'n ffals, neu ddi-
hiryn anhawdd dyddirnad ; os garw, cy-
threl trahaus anghydfod. Dyma 'r B Y D
yr ŷch i 'n ei fawrhau, ebr ef, ac ertolwg
cymrwch i chwi fy rhann i o hono, ac ar
y gair fe a ymefcydwodd oddiwrthynt oll
ac ymaith âg e 'n ddihafarch at y Porth cy-
fyng, ac heb waetha i'r cwbl tan ymwthio
f' aeth drwodd a ninne' o'i ledol ; a llawer
o Wŷr duon ar y caereu o ddeutu 'r Porth
yn gwadd y Dyn ac yn ei ganmol. Pwy,
ebr

ebr fi, yw 'r duon frŷ? Gwiliwyr y Brenin
IMMANUEL, ebr ynte, fy'n enw eu Meiftr
yn gwadd ac yn helpu rhai trwy 'r Porth
yma. Erbyn hyn 'roeddym ni wrth y
Porth; ifel a chyfyng iawn oedd hwn, a
gwael wrth y Pyrth ifa; O ddeutu 'r drws
'roedd y *Deg Gorchymyn*, y Llêch gynta o'r
tu deheu; ac uwch ei phen, *Ceri DDUW
a'th holl Galon*, &c. ac uwch ben, yr ail
Lêch; o'r tu arall, *Câr dy Gymydog fel ti dy
hun*; ac uwch ben y cwbl, *Na cherwch y
Byd, na'r petheu fy 'n y byd*, &c. Ni edry-
chafwn i fawr nad dyma 'r Gwilwyr yn
dechreu gwaeddi ar y Dynion dihenydd,
ffowch, ffowch am eich einioes! ond ychy-
dig a droe unwaith attynt, etto rhai a o-
fynnent, ffoi rhag pa beth? Rhag Twyfog
y byd hwn, fy 'n llywodraethu ymhlant
yr anufudd-dod meddei 'r gwiliwr; rhag
y llygredigaeth fy 'n y byd trwy chwant
y cnawd, chwant y llygad a balchder y
bywyd; rhag y digofaint fy ar ddyfod ar-
noch. Beth, ebr gwiliwr arall yw 'ch an-
wyl Ddinas chwi ond Taflod fawr o boeth-
fel uwch ben Uffern, a phettei chwi yma,
caech weled y tân tu draw i'ch caereu ar
ymgymeryd i'ch llofci hyd *Annwfn*: Rhai
a'u gwatwarei, rhai a fygythiei oni thawent
ai lòl anfoefol, etto ymbell un a ofynnei i
ba le y ffown? Yma, meddei 'r Gwilwyr,
ffowch yma at eich union Frenin fy etto
trwom

trwom ni 'n cynnyg i chwi gymmod, os
trowch i'ch ufudd-dod oddiwrth y Gwrth-
ryfelwr *Belial* a'i hudol-ferched.　Er gwy-
ched yr olwg arnynt nid yw ond ffûg, nid
yw *Belial* ond Tywyſog tlawd iawn gartre,
nid oes ganddo yno ond chwi 'n gynnud ar
y tân, a chwi 'n rhôſt ac yn ferw i'ch cnoi,
ac byth nid ewch i'n ddigon, byth ni ddaw
torr ar ei newyn ef na'ch poen chwitheu.　A
phwy a waſanaethei 'r fâth Gigydd ma-
leiſddrwg mewn gwallco ennyd, ac mewn
dirboeneu byth wedi, ac a allei gael byd
dâ tan Frenin toſturiol a charedig iw ddei-
liaid, heb wneud iddynt erioed ond y
Daioni bwygilydd, a'u cadw rhag *Belial* i
roi teyrnas i bob un o'r diwedd yn ngwlâd
y Goleuni !　Oh, ynfydion ! a gymerwch
i'r Gelyn echryſlawn yna ſy â'i gêg yn lloſci
o ſyched am eich gwaed, yn lle 'r Twyſog
trugarog a roes ei waed ei hun i'ch achub ?
Etto ni wyddit fod y rheſymmeu hyn a
feddalhae graig, yn lleſio fawr iddynt hwy,
a'r achos fwya oedd, nad oedd fawr yn cael
hamdden iw *gwrando*, gan edrych ar y
Pyrth, ac o'r gwrandawyr nid oedd fawr
yn *yſtyried*, ac o'r rheini nid oedd fawr yn
eu *cofio* chwaith hir, rhai ni choelient mai
Belial yr oeddynt yn ei waſanaethu, eraill
ni fynnent mai'r twll bach di-ſathr hwnnw
oedd Borth y Bywyd, ac ni choelient mai
hudoliaeth oedd y Pyrth diſclair eraill a'r
Caſtell

Caftell i rwyftro iddynt weled eu Deftryw
nes mynd iddo. Yn hyn dyma drwp o
bobl o Stryd *Balchder* yn ddigon hŷ 'n curo
wrth y Porth, ond yr oeddynt oll mor
warfyth nad aent byth i le mor ifel heb
ddiwyno 'u perwigeu a'u cyrn, felly hwy
a rodiafant yn eu hol yn o furllyd. Yn-
ghynffon y rhai'n daeth attom ni fagad o
Strŷd *Elw*; ac, ebr un, ai dyma Borth y
bywyd? iè, ebr y Gwiliwr oedd uwch
ben. Be' fy iw wneud, ebr ef, at ddyfod
trwodd? darllenwch o ddeutu 'r drws,
cewch wybod; darllennodd y Cybydd y
Dêg-Gorchymmyn i gyd troftynt; pwy,
ebr ef, a ddyweid dorri o honofi un o'r
rhain? ond pan edrychodd e'n uwch a
gweled, *Na cherwch y Byd, na'r petheu fy 'n
y Byd*, fe fynnodd, ac ni fedrei lyncu mo'r
Gair caled hwnnw; 'r oedd yno un piglas
cenfigennus a droes yn ôl wrth ddarllen,
Câr dy Gymydog fel ti dy hun, yr oedd yno
Gweftiwr ac Athrodwr a chwidr-droifant
wrth ddarllen, *Na ddwg gam Dyftioliaeth*; pan
ddarllenwyd, *Na Lâdd*, nid yma i ni, eb y
Phyfygwyr. I fod yn fyrr, gwelei bawb
rywbeth yn ei flino, ac felly cyd-ddychwe-
lafant oll i 'ftudio 'r pwynt, ni welais i 'r
un etto yn dyfod wedi dyfcu ei wers, ond
yr oedd ganddynt gymaint o Godeu a Scri-
f'nadeu 'n dynn o'u cwmpas nad aethent
fyth trwy grau mor gyfyng pe ceifiafent.
                                    Yn

Yn y fan, dyma yrr o Stryd *Plefer* yn rho-
dio tu a'r Porth. Yn rhodd, ebr un wrth
y gwilwyr, i ba le mae 'r ffordd yma 'n
mynd? Dyma, ebr gwiliwr, y ffordd fy 'n
arwain a lawenydd a hyfrydwch tragywy-
ddol, ar hyn ymegniodd pawb i ddyfod
trwodd, ond methafant ; canys yr oedd
rhai 'n rhŷ foliog i le mor gyfyng, eraill
yn rhy egwan i ymwthio wedi i Ferched
ei dihoeni, a rheini 'n eu hattal gerfydd eu
gwendid afiach. O, ebr gwiliwr oedd yn
edrych arnynt, ni wiw i chwi gynnyg
mynd trwodd â'ch teganeu gyda chwi,
rhaid i chwi adel eich Pottieu, a'ch Dyfcleu,
a'ch Putteinied, a'ch hôll Gêr eraill o'ch ol,
ac yna bryffiwch. Ebr Ffidler, a fafei
trwodd er's ennyd, oni bai rhagofn torri 'r
Ffidil, pa fodd y byddwn ni byw ? O, ebr
y gwiliwr, rhaid i chwi gymmeryd gair y
Brenin am yrru ar eich ol gynnifer o'r pe-
theu yna a'r a fo da er eich llês. Rhoes
hynny 'r cwbl i ymwrando, *Hai, hai,* ebr
un, *gwell aderyn mewn llaw na dau mewn
lwyn,* ac ar hynny troefant oll yn unfryd
yn eu hôl. Tyrd trwodd weithian, eb yr
Angel, ac a'm tynnodd i mewn lle gwe-
lwn yn y Porth yn gynta *Fedyddfaen* mawr,
ac yn ei ymyl, *Ffynnon* o ddw'r hâllt ; beth
a wnâ hon ar lygad y ffordd, ebr fi ? Am
fod yn rhaid i bawb ymolchi ynddi cyn
cael braint yn Llŷs *IMMANUEL,* hi a
elwir

elwir *Ffynnon Edifeirwch* ; uwch ben gwe-
lwn yn fcrifennedig, *Dyma Borth yr Ar-
glwydd*, &c. Yr oedd y Porth a'r Stryd he-
fyd yn lledu ac yn yfcafnhau fel yr elid
ymlaen; pan aethom ronyn uwch i'r Strŷd,
clywn lais ara 'n dywedyd om hôl, *Dyna 'r
Ffordd, rhodia ynddi.* Yr oedd y Stryd ar
orufynu, etto 'n bur lân ac union, ac er
nad oedd y tai ond îs yma nac yn y Ddinas
ddihenydd, etto 'r oeddynt yn dirionach, os
oes yma lai o feddianneu mae 'ma hefyd lai o
ymryfon a gofalon ; os oes lỉai o feigieu, mae
llai o ddolurieu ; os oes llai o drŵft, mae
hefyd lai o driftwch, a mwy 'n ficcr o wir
lawenydd. Bu ryfedd genni 'r Diftawrwydd
a'r *Tawelwch* hawddgar oedd yma wrth i wa-
red. Yn lle 'r tyngu a'r rhegu, a'r gwawdio,
a phutteinio, a meddwi ; yn lle balchder ac
oferedd, y fyrthni 'n y naill cwrr, a thrawf-
ni 'n y cwrr arall ; iè, 'n lle 'r holl ffrio
ffair, a'r ffrôft, a'r ffrwft, a'r ffrwgwd oedd
yno 'n pendifadu dynion yn ddibaid, ac
yn lle 'r aneirif ddrygeu gwaftadol oedd
ifod ; Ni weliti yma ond fobrwydd mwyn-
der a firioldeb, heddwch a diolchgarwch ;
Tofturi, diniweidrwydd a bodlonrhwydd
yn eglur yn wyneb pôb Dyn ; oddieithr
ymbell un a wylei 'n ddiftaw o frynti fod
cŷd yn Ninas y Gelyn. Nid oedd yma
na châs, na llid, ond i *bechod*, ac yn ficcr o
orchfygu hwnnw, dim ofn ond rhag di-
gio'u

COLEG MENAI
BANGOR, GWYNEDD LL57 2TP

gio'u Brenin, a hwnnw 'n barottach i gymmodi nac i ddigio wrth ei ddeiliaid, na dim fŵn ond Pfalmau mawl i'w ceidwad.   Erbyn hyn ni aethem i olwg Adeilad deg tros ben, o mor ogoneddus ydoedd ! ni fedd neb yn y Ddinas ddihenydd na'r *Twrc*, na'r *Mogul*, na 'r un o'r lleill ddim elfydd i *hon*. Wel' dyma 'r *Eglwys Gatholic*, eb yr Angel. Ai yma mae *IMMANUEL* yn cadw 'i Lys, ebr fi ? Iè, ebr ef, dyma 'i unig Frenhinllys daiarol ef.   Oes yma nemor tano ef o benneu coronog, ebr fi ? ychydig, eb ynte ; mae dy Frenhines di a rhai Twyfogion *Llychlyn* a'r *Ellmyn*, ac ychydig o fân Dwyfogion eraill.   Beth yw hynny, ebr finneu, wrth fy dan *Belial* fawr, wele Ymerodron a Brenhinoedd heb rifedi ? Er hynny i gyd eb yr Angel, ni all un o honynt oll fymmud bŷs llaw heb gynnwyfiad *IMMANUEL* ; na *Belial* ei hunan chwaith.   Oblegid *IMMANUEL* yw ei union Frenin ynte, ond darfod iddo wrthryfela, a chael ei gadwyno am hynny 'n Garcharor tragwyddol ; eithr mae e'n cael cennad etto tros ennyd fâch i ymweled â'r Ddinas ddihenydd, ac yn tynnu pawb a'r a allo i'r un Gwrthryfel ac i gael rhan o'r gôfp ; er ygŵyr ef na wnâ hynny ond chwanegu ei gôfp ei hun, etto ni âd malis a chynfigen iddo beidio pan gaffo yftlys cennad ; A chan ddaed ganddo ddrygioni, fe gais ddifa 'r

fa 'r ddinas a'r Adeilad hon, er y gŵyr e'n
hên iawn, fod ei Cheidwad hi 'n anorchfy-
gol. Ertolwg, ebr fi, f'Arglwydd a gawn
i nefau i gael manylach golwg ar y Bren-
hinlle godidog hwn ? canys cynnefafei
nghalon i wrth y lle (er y golwg cynta,)
Cei 'n hawdd, eb yr Angel, oblegid yna
mae fy lle a'm fiars a'm gorchwyl inneu.
Pa nefa yr awn atti mwyfwy y rhyfeddwn
uched, gryfed a hardded, laned a hawdd-
gared oedd pob rhan o honi, gywreinied y
gwaith a chariadufed y defnyddieu, *Craig*
ddirfawr, o waith a chadernid anrhae-
thawl oedd y Sylfaen, a Meini bywiol ar
hynny wedi eu gofod a'u cyffylltu mewn
trefn mor odidog nad oedd boffibl i un
maen fod cyn hardded mewn unlle arall ac
ydoedd e'n ei le ei hun. Gwelwn un rhan
o'r *Eglwys* yn tâflu allan yn *Groes* glandeg a
hynod iawn, a chanfu 'r Angel fi 'n fpio
arno, a adwaenofti y Rhan yna, ebr ef ? ni
wyddwn i beth i atteb. Dyna *Eglwys Loegr*,
ebr ef, mi gyffrois beth, ac wedi edrych i
fynu, mi welwn y Frenhines *Ann* ar ben yr
Eglwys, a Chleddy 'mhôb llaw, un yn yr
affwy a elwid *Cyfiawnder* i gadw ei deiliaid
rhag *Dynion* y *Ddinas ddihenydd*, a'r llall yn
ei llaw ddeheu iw cadw rhag *Belial* a'i
Ddrygau *Yfprydol*, hwn a elwid *Cleddy 'r*
Yfpryd, neu Air Duw, o tan y Cleddyf
affwy 'r oedd Llyfr *Statut Loegr*, tan y llall 'r
oedd

oedd *Beibl* mawr. Cleddy 'r Yfpryd oedd
danllyd ac anferthol o hŷd, fe laddei
'mhellach nac y cyffyrddei 'r llall. Gwe-
lwn y Twyfogion eraill â'r un rhyw arfeu
'n amddeffyn ei rhan hwytheu o'r Eglwys ·
Eithr tecca gwelwn i Rann fy Mrenhines
fy hun a gloewa 'i harfeu. Wrth ei deheu-
law hi, gwelwn fyrdd o rai duon, Arch-
efcobion, Efcobion a Dyfcawdwyr yn cyn-
nal gydâ hi yn *Nghleddy 'r Yfpryd :* A rhai
Sawdwyr, a Swyddogion ond ychydig o'r
Cyfreithwyr oedd yn cyd-gynnal yn y
Cleddyf arall. Cês gennad i orphwyfo peth
wrth un o'r dryfeu gogoneddus, lle 'r oedd
rhai 'n dyfod i gael braint yn yr *Eglwys Gy-
ffredin,* ac Angel tàl yn cadw 'r drws a'r
Eglwys oddi mewn mor oleu dambaid, nad
oedd wiw i Ragrith ddangos yno mo'i
hwyneb, etto hi ymddangofei weithiau
wrth y drŵs er nad aeth hi 'rioed i mewn.
Fel y gwelais i o fewn chwarter awr, dyma
Bapift oedd yn tybio mai 'r Pâp a pioedd yr
Eglwys Gatholig, yn cleimio fod iddo ynte
fraint. Be fy gennych i brofi 'ch braint,
ebr y Porthor ? Mae genni ddigon, ebr
hwnnw o *Draddodiadeu*'r *Tadau* ac *Eifteddfo-
dau* 'r Eglwys, ond pam y rhaid i mi fwy
o ficcrwydd, ebr ef na *gair y Pâp* fy 'n
eifte 'n y Gadair ddifiomedig ? Yna 'r ego-
rodd y Porthor lwyth o feibl dirfawr o
faint ; Dyma, ebr ef, ein hunic Lyfr *Statut*
ni

ni yma, profwch eich hawl o hwn, neu
ymadewch ; ar hyn fe 'madawodd. Yn
hyn, dyma yrr o *Gwaceriaid* a fynei fynd i
mewn a'u hettieu am eu penneu, eithr
trowyd hwy ymaith am fod cynddrwg eu
moes. Wedi hynny, dechreuodd rhai o
dylwyth y 'Scubor a fafafei yno er's en-
nyd, lefaru. Nid oes gennym ni, me-
ddent, ond yr un Statut a chwitheu, am
hynny dangofwch i ni 'n braint. Arhowch,
ebr y Porthor difcleirwyn gan graffu ar eu
talcennau hwy, mi a ddangofa i chwi ryw-
beth ; D'accw, ebr ef, a welwch i ôl y
rhwyg a wnaethoch i 'n yr Eglwys i fynd
allan o honi heb nac achos nac yftyr ? ac
y rwan a fynnech chwi le yma ? Ewch yn
ôl i'r Porth cyfyng ac ymolchwch yno 'n
ddwys yn Ffynnon *Edifeirwch* i edrych a
gyfogoch i beth gwaed Brenhinol a lyn-
cafoch gynt, a dygwch beth o'r dwfr hwn-
nw i dymmeru 'r clai at ail uno y rhwyg
accw, ac yna croefo wrthych. Ond cyn
i ni fynd rŵd ymlaen tu a'r Gorllewin, mi
glywn fi oddi fynu ymyfc y Pennaethiaid,
a phawb o fawr i fâch yn hèl ei arfeu, ac
yn ymharneifio, megis at Ryfel : a chyn i
mi gael ennyd i fpio am le i ffoi, dyma 'r
Awyr oll wedi duo, a'r Ddinas wedi ty-
wyllu 'n waeth nac ar *Ecclips,* a Tharaneu 'n
rhuo a'r Mêllt yn gwau 'n dryfrith, a Cha-
fodydd di-dorr o faetheu marwol yn cyfei-
rio

rio o'r Pyrth ifa at yr Eglwys Gatholic ; ac
oni bai fod yn llaw pawb darian i dderbyn
y piccellau tanllyd, a bod y Graig fylfaen
yn rhygadarn i ddim fannu arni gwnelfid
ni oll yn un goelceth. Ond och ! nid
oedd hyn ond *Prolog* neu dammeid prawf
wrth oedd i galyn : Oblegid ar fyrr, dyma
'r tywyllwch yn mynd yn faith dduach a
Belial ei hun yn y cwmmwl tewa, a'i ben-
milwyr daiarol ac uffernol o'i ddeutu, i
dderbyn ac i wneud ei wllys ef, bawb o'r
neilltu. Fe roefei ar y *Pâp* a'i Fab arall o
Ffrainc ddiniftrio Eglwys *Loegr* a'i Brenhi-
nes, ar y *Twrc* a'r *Mofcoviaid* daro y rhanneu
eraill o'r Eglwys a lladd y bobl, yn enwe-
dig y Frenhines a'r Twyfogion eraill, a
llofci 'r *Bibl* yn anad dim. Cynta gwaith
a wnaeth y Frenhines a'r Seinctieu eraill
oedd droi ar eu glinieu, ac achwyn eu cam
wrth Frenin y Brenhinoedd yn y geirieu
yma, *Mae eftyniad ei adenydd ef yn lloneid lled*
dy dir di oh IMMANUEL ! *If.* 8. 8. yn
ebrwydd dyma lais yn atteb, *Gwrth'nebwch*
Ddiawl ac fe ffy oddi wrthych ; ac yna de-
chreuodd y maes galluocca a chynddeirioc-
ca' fu' rioed ar y ddaiar, pan ddechreuwyd
gwyntio *Cleddy'r Yfpryd,* dechreuodd *Belial*
a'i luoedd uffernol wrthgilio, yn y man
dechreuodd y *Pâp* lwfrhau, a *Brenin Ffrainc*
yn dàl allan, ond yr oedd ynte ymron di-
galonni, wrth weled y Frenhines a'i dei-
liaid

liaid mor gyttunol, ac wedi colli ei Longeu
a'i Wŷr o'r naill tu, a llawer oi ddeiliaid
yn gwrthryfela o'r tu arall ; a'r *Twrc* ynte
'n dechreu llaryeiddio : yn hyn, och ! mi
welwn f' anwyl gydymaith yn faethu oddi-
wrthifi i'r entrych, at fyrdd o Dwyfogion
gwynion eraill, a dyna 'r pryd y dechreu-
odd y *Pâp* a'r Swyddogion daiarol eraill le-
chu a llewygu, a'r Penaethiaid uffernol fyr-
thio o fefur y myrddiwn, a phob un cy-
maint ei fŵn yn cwympo (i'm tŷb i) a phe
fyrthiafei fynydd anferth i eigion y môr.
A rhwng y fŵn hwnnw a chyffro goll fy
nghyfeill mineu a ddeffrois om cŵfc ; a
dychwelais o'm llwyr anfodd i'm tywar-
chen drymluog, a gwyched hyfryded
oedd gael bod yn Yfpryd *rhydd*, ac yn ficcr
yn y fath *gwmnhi* er maint y perygl. Ond
erbyn hyn, nid oedd genni nêb i'm cyffuro
ond yr *Awen*, a honno 'n lled-ffrom, prin
y cês ganddi frefu i mi yr hyn o Rigymmeu
fy 'n canlyn.

Ar

Ar feſur Gwêl yr Adeilad.

I.

GWEL ddyn, Adeilad hyfryd
 O'r Llawr i'r Nenn yn unud
   Daiarfyd dirfawr,
Ei Phenſaer a'i Pherchennog
Yw 'r Brenin hollalluog
   A'i Llywydd tramawr;
    Y Byd
Ei Gaer a'i gyrreu i gyd;
 O Dô'r Sêr cannaid
 Hyd Farth, y 'Scrubliaid,
 Pyſc ac ymluſciaid,
A'r hediaid fwy na rhi,
A roed, ô Ddyn! yn Ddeïlied,
Er teyrnged fach, i ti:
    I Ddyn
Ac ynte' iddo 'i hun,
 Y gwnaeth Jehofa,
 Yr Adail yma,
 Fel ail-Nef leia
Tan lawen Heulwen hâ,
A'r cwbl, eitha terfyn
A wyddei Ddyn oedd ddâ.

II.

II.

Ond cynta blyſſiodd wybod
Y drŵg, *a chael o Bechod*
   Gynnwyſiad bychan,
Hi aeth yn anferth Gawres,
Gwae ddynion faint Gwyddanes
   I ddiw'no 'r cyfan:
    Pob rhann
O'r Adail aeth yn wann,
 Mae 'r ail *a'r* Seler,
 Trwy frâd y Dyfnder,
 Yn crynu 'n ſceler
Mewn llawer lleſmer llêſc ;
A'r Barth *perllannog llownwyn*
Heb ddwyn ond chwyn a hêſc.
   Mae 'r Gaer
A'r Murieu *Cleimieu claer,*
 A'r Tô, *ar ddadmer,*
 Er maint eu cryfder
 Anfeidrol uchder,
A'u gwychder frithder fry ;
Mae 'r Dreigieu *yn darogan*
Fod peryg' tân yn Ty.

III.

Gwel ddyn, Adeilad fawrwych,
O'r Eigion mawr i'r Entrych
   Ar untroed embyd,
Mae'r Llawr i gyd ar d' ollwng
Maluriwyd hwn hyd Annwn
   Yn donnen ddybryd :

O

O ddyn,
Dy Bechod ti dy hun,
* A boerodd Ddiluw,*
* Chwyth etto Ddeſtryw*
* O wreichion hyllfyw*
A'r Hollfyd eiff yn fanc,
Ei dithe 'n waeth, Fyd bychan
Byth, byth ar druan dranc.
*   Ond mae*
Un lle i ochel gwae,
* Un Llys trugaredd,*
* Ac yn dy gyrredd,*
* Cais yno annedd,*
Rhag mynd i'r Sugnedd ſyth,
Ac onid ei di yno
Gwae di d'eni fyth.

I V.
Gwél di 'r Adeilad honno,
Gadarnach nac y gallo
*   Fyth golli 'r diwrnod ;*
Un well na'r Holl-fyd *cyfrdo,*
Ddiogel i ddiwygio
*   A ddygodd Pechod.*
*   Caer gronn*
Ar waſcar Daiar down,
* Yn Noddfa nefol*
* Craig anorchfygol,*
* A meini bywiol,*
Gôr breiniol ger ein bron ;
Yr Eglwys *lân* Gatholic
A'i Thylwyth ydyw hon :

Er

Er maint
Ein pechod hynod haint,
  Cawn yno bardwn,
  Os ufudd-gredwn,
  Yn hon *ymdynnwn*
A bryffwn i gael braint,
A hyn a'n gwnâ 'n ddaiarol
A nefol *firiol* Saint.

Amen.

I I.

I I.

Gweledigaeth Angeu *yn ei Frenhinllys ifa.*

PAN oedd *Phœbus* un-llygeidiog ar gyrraedd ei eithaf bennod yn y deheu, ac yn dàl gŵg o hirbell ar *Brydain* fawr a'r holl Ogledd-dir ; ryw hirnos Gaia dduoer, pan oedd hi 'n llawer twymnach yn nghegin *Glynn-cywarch* nac ar ben *Cadair Idris,* ac yn well mewn ftafell glŷd gydâ chywely cynnes, nac mewn amdo ymhorth y fonwent ; myfyrio 'r oeddwn i ar ryw ymddiddanion a fafei wrth y tân rhyngo'i a Chymydog, am *fyrdra hoedl Dyn,* a ficcred yw i bawb farw, ac anficcred yr amfer ; a hyn newydd roi 'mhen i lawr ac yn llêd-effro, mi glywn bwys mawr yn dyfod arnai 'n lledradaidd o'm coryn i'm fowdl, fel na allwn fymmud bŷs llaw, ond y tafod yn unic, a gwelwn megis Mâb ar fy nwyfron, a Merch

ar

ar gefn hynny. Erbyn craffu, mi adwae-
nwn y Mâb wrth ei arogleu trwm a'i gu-
dynneu gwlithog a'i lygaid môl-glafaidd
mai fy Meiſtr *Cwſc* ydoedd. Ertolwg, Syr,
ebr fi, tan wichian, beth a wneuthum i'ch
erbyn pan ddygech y wyddan yna i'm ny-
chu? Iſt, ebr ynte, nid oes yma ond fy
chwaer *Hunlle*, mynd yr ŷm ni 'n dau i
'mweled a'n brawd *Angeu :* eifieu trydydd
fy arnom, a rhag i ti wyrth'nebu daethom
arnat (fel y bydd ynte') 'n ddirybudd. Am
hynny dyfod fy raid i ti, un ai oth fodd ai
oth anfodd. Och, ebr finneu, ai rhaid i mi
farw? Na raid, eb yr *Hunlle*, ni a'ch ar-
bedwn hyn o dro. Ond trwy'ch cennad,
ebr fi, nid arbedodd eich brawd Angeu nêb
erioed etto, a ddygid iw ergyd ef, y gwr
a aeth i ymaflyd cwymp âg Arglwydd y
Bywyd ei hun, ond ychydig a 'nillodd
ynte' ar yr orcheſt honno. Cododd *Hunlle*
ar y gair yma 'n ddigllon ac a 'madawodd.
Hai, ebr *Cwſc*, tyrd ymaith, ni bydd i ti
ddim edifeirwch o'th ſiwrnai. Wel', ebr fi,
na ddêl byth nôs i *Lan-gwſc*, ac na chaffo 'r
Hunlle byth orphws ond ar flaen mynawyd
oni ddygwch fi 'n ôl lle i'm cawſoch. Yna
i ffordd yr aeth â mi tros elltydd a thrwy
gocdydd, tros foroedd a dyffrynoedd tros
Geſtyll a 'Thyrau, Afonydd a Chreigiau, a
ph'le y deſcynnem ond wrth un o Byrth
Merched *Belial*, o'r tu cefn i 'r *Ddinas ddi-*
henydd,

henydd, lle gwelwn fod y tri Phorth dihe-
nydd yn cyfyngu 'n un o'r tu cefn, ac yn
agor i'r un lle : lle mwrllwch oerddu
gwenwynig, llawn niwl afiach a chwmy-
lau cuwchdrwm ofnadwy.   Attolwg, Syr,
ebr fi, p'le yw 'r fangre hon ?   *Stafelloedd
Angeu*, ebr *Cwfc*.   Ni chês i ond gofyn, na
chlywn i rai 'n crio, rhai 'n griddfan, rhai
'n ochain, rhai 'n ymleferydd, rhai 'n dàl i
duchan yn llêfc, eraill mewn llafur mawr,
a phôb arwyddion ymadawiad dyn, ac
ymbell un ar eu ebwch mawr yn tewi, a
chwapp ar hynny, clywn droi agoriad
mewn clo, minneu a drois wrth y fŵn i
fpio am y drŵs, ac o hir graffu, gwelwn
fyrdd fyrddiwn o ddryfau 'n edrych ym-
hell, ac er hynny yn f'ymyl.   Yn rhodd,
Meiftr *Cwfc*, ebr fi, i ba le mae 'r dryfau
yna 'n egor ?   Maent yn agor, ebr ynte, i
Dir Ango, Gwlâd fawr tan lywodraeth fy
mrawd yr *Angeu*, a'r *Gaer* fawr yma, yw
Terfyn yr anferth *Dragwyddoldeb*.   Erbyn
hyn, gwelwn *Angeu bâch* wrth bôb drws,
heb un 'r un arfeu, na 'r un henw a'i gi-
lydd, etto, gwyddid arnynt mai Swyddo-
gion yr un Brenin oeddynt oll : Er y by-
ddei aml ymryfon rhyngddynt am y clei-
fion ; mynnei 'r naill gipio 'r clâ 'n anrheg
trwy ei ddrŵs ei hun, a'r llall a'i mynnei
trwy ei ddrŵs ynte.   Wrth nefàu canfûm
yn fcrifennedig uwchben pôb drŵs henw'r
Angeu

Angeu oedd yn ei gadw, ac hefyd wrth bôb
drŵs ryw gant o amryw betheu wedi eu
gadel yn llanaftr, arwydd fod brŷs ar y
rhai a aetheint trwodd.   Uwchben un
drŵs gwelwn *Newyn*, ac etto ar lawr yn ei
ymyl byrfeu a chodeu llownion, a thryn-
cieu wedi eu hoelio.   Dyma, ebr ef, borth
y *Cybyddion*.   Pwy, ebr fi pioedd y carpieu
yna ? Cybyddion, eb ef, gan mwyaf : Ond
mae yna rai 'n perthyn i *Segurwyr* a *Hwfmyn-
tafod*, ac i eraill tlawd ymhôb peth ond yr
Yfpryd, oedd well ganddynt newynu na
gofyn.   Yn y drŵs nefa 'r oedd Angeu
anwyd, gyfeiryd â hwn clywn lawer *hyd-
yd-ydyd-eian* ; wrth y drŵs yma 'r oedd lla-
wer o lyfreu, rhai pottieu a fflagenni, ym-
bell ffon a phaftwn, rhai cwmpafeu, a chyrt,
a chêr Llongeu. F'aeth ffordd yma 'Scolhei-
gion, ebr fi, do, ebr ynte, rai unic a di-
help a phell oddiwrth ymgeledd a'u carei ;
wedi dwyn hyd yn oed y dillad oddiar-
nynt.   Dyna, ebr ef, (am y pottieu) we-
ddillion y cymdeithion da, a fydd a'u traed
yn fferri tan feincieu, tra bo eu penne 'n
berwi gan ddiod a dwndwr : a'r petheu
draw fy 'n perthyn i drafaelwyr myny-
ddoedd eiryog, ac i Farfiandwyr y Go-
gleddfor.   Y nefa oedd fcerbwd teneu a
elwid Angeu *Ofn*, gellid gweled trwy hwn
nas medde 'r un *Galon* ; ac wrth ddrŵs
hwn hefyd godeu a chiftieu, a chloieu, a
cheftyll.

:heftyll.   I hwn yr ai 'r Llogwyr, a Drwg-
wladwyr, a Gorthrymwyr, a rhai o'r Mwr-
drwyr, ond 'r oedd llawer o'r rheini yn
galw heibio i'r drŵs nefa lle 'r oedd An-
geu a elwid *Crôg*, a'i gortyn parod am ei
wddf.   Nefa i hynny oedd Angeu *Cariad*,
ac wrth ei draed fyrdd o bob offer a lly-
freu muwfic, a cherdd, a llythyreu mwy-
nion ac yfmottieu a lliwieu i harddu 'r
wyneb, a mîl o ryw fciabas deganeu ir
pwrpas hwnnw, a rhai cleddyfeu ; â rhain,
ebr ef, y bu 'r herwyr yn ymladd am y
feinwen, a rhai 'n eu lladd eu hunain : mi
a welwn nad oedd yr Angeu yma ond cib-
ddall.   Y drŵs nefa 'r oedd yr Angeu
gwaetha 'i liw o'r cwbl a'i afu wedi diflan-
nu, fo 'i gelwid Angeu *Cynfigen* ; hwn, ebr
Cwfc, a fydd yn cyrchu colledwyr, athrod-
wyr, ac ymbell farchoges a fydd yn ym-
wenwyno wrth y Gyfraith, a barodd i
Wraig ymddaroftwng iw Gŵr.   Attolwg
Syr, ebr fi, beth yw marchoges ?   Mar-
choges, ebr ef, y gelwir yma, y Ferch a
fynn farchogaeth ei gwr, a'i chymdogaeth,
a'i gwlâd os geill, ac o hir farchogaeth, hi
a ferchyg ddiawl o'r diwedd o'r drŵs yna
hyd yn Annw'n.   Yn nefa 'r oedd drŵs
Angeu *Uchel-gais*, i'r fawl fy 'n ffroenio 'n
uchel, ac yn torri eu gyddfau eifieu edrych
tan eu traed, wrth hwn 'r oedd coronau,
teyrnwiail, banerau a phob papureu am
                                    fwyddeu,

fwyddeu, pob arfeu bonedd a rhyfel. Ond
cyn i mi edrych ychwaneg o'r aneirif ddry-
feu hynny, clywn lais yn peri i minneu
wrth fy henw *ymddattod*, ar y gair mi 'm
clywn yn dechreu toddi fel cafeg-eira yn
gwrês yr Haul, yna rhoes fy Meiftr i mi
ryw ddiod-gŵfc fel yr hunais, ond erbyn
i mi ddeffro f'am dygafei i ryw ffordd a-
llan o bellder y tu arall i'r *Gaer* ; mi'm
gwelwn mewn Dyffryn pygddu anfeidrol
o gwmpas ac i'm tŷb i nid oedd diben
arno : ac ymhen ennyd wrth ymbell o-
leuni glâs fel canwyll ar ddiffodd, mi we-
lwn aneirif oh ! aneirif o gyfcodion Dy-
nion, rhai ar draed, a rhai ar feirch yn gwau
trwy eu gilydd fel y gwynt, yn ddiftaw
ac yn ddifrifol aruthr. A gwlâd ddiffrwyth
lom adwythig, neb na gwêllt na gwair, na
choed nac anifail, oddieithr gwylltfilod
marwol a phryfed gwenwynig o bôb mâth ;
feirph, nadroedd, llau, llyffaint, llyngyr, lo-
cuftiaid, prŷ 'r bendro, a'r cyffelyb oll fy 'n
byw ar lygredigaeth Dyn. Trwy fyr-
ddiwn o gyfcodion ac ymlufciaid, a beddi,
a Monwcntau, a Bcddrodau, ni acthom ym-
laen i weled y Wlâd yn ddirwyftr ; tan na
welwn i rai 'n troi ac yn edrych arnai ; a
chwippyn er maint oedd y diftawrwydd
o'r blaen, dyma fi o'r naill i'r llall fod yno
Ddyn bydol; Dyn bydol, ebr un, Dyn by-
dol, eb y llall ! tan ymdyrru attai fel y
lindys

lindys o bob cwrr. Pa fodd y daethoch,
Syre, eb rhyw furgyn o Angeu bâch oedd
yno? Yn wîr, Syr, ebr fi, nis gwn i mwy
na chwitheu. Beth y gelwir chwi, ebr
ynte? Gelwch fi yma fel y fynnoch yn eich
gwlâd eich hun, ond fe 'm gelwid i gartre,
Bardd Cwfc. Ar y gair, gwelwn gnap o
henddyn gwargam a'i ddeupen fel miaren
gen lawr, yn ymfythu ac yn edrych arnai
'n waeth na 'r Dieflyn côch, a chyn dywe-
dyd gair, dyma fe 'n taflu penglog fawr hei-
bio i'm pen i diolch i'r Garreg fedd a'm
cyfcododd. Llonydd, Syr, ertolwg, ebr fi,
i Ddyn dieithr na fu yma 'rioed o'r blaen,
ac ni ddaw byth pe cawn unwaith ben y
ffordd adre. Mi wnâ 'i chwi gofio 'ch bod
yma, eb ef, ac eilwaith âg afcwrn mor-
ddwyd gofododd arna 'i 'n gythreulig, a
mineu 'n ofcoi 'ngoreu. Beth, ebr fi, dyma
wlâd anfoefol iawn i ddieithriaid, Oes yma
un Uftus o heddwch? Heddwch! ebr
ynte, pa heddwch a haedditi na adewit lo-
nydd i rai yn eu beddi? Attolwg, Syr,
ebr fi, a gawn ni wybod eich henw chwi, o-
blegid nis gwn i flino ar neb o'r Wlâd yma
'rioed. Syre, ebr ynte, gwybyddwch mai
Fi, ac nid chwi, yw'r *Bardd Cwfc,* ac a gês
lonydd yma er's naw cant o flynyddoedd,
gan bawb ond chychwi, ac a aeth i'm cyn-
nyg i drachefn. Peidiwch ymrawd, ebr
Merddyn oedd yn agos, na fyddwch ry-
boeth;

boeth ; diolchwch iddo 'n hytrach am gadw
coffadwriaeth parchus o'ch henw ar y Ddaiar.
Yn wir, parch mawr, eb ynte, oddiwrth y
fâth bembwl a hwn ; A fedrwch wi, Syre,
ganu ar y pedwar mefur ar hugain, a fe-
drwch wi ddwyn acheu *Gog* a *Magog*, ac a-
cheu *Brutus ap Sylvius* hyd ganmlwydd cyn
difa *Caer-Troia* ?   A fedrwchwi *frutio* pa
bryd, a pheth a fydd diwedd y rhyfeloedd
rhwng y Llew a'r Eryr, ac rhwng y Ddraig
a'r Carw coch ? ha ! Hai, gadewch i min-
neu ofyn iddo gweftiwn, ebr un arall, oedd
wrth fyddan fawr yn berwi, foc, foc, dy-
gloc, dy-gloc.   Tyrd yn nês, ebr ef, beth
yw meddwl hyn ?

> *Mi fyddaf hyd Ddyddbrawd,*
> *Ar wyneb daiarbrawd,*
> *Ac ni wyddis beth yw nghnawd,*
> *Ai Cig ai Pyfcawd.*

Dymunaf eich henw, Syr, ebr fi, fel i'ch
attebwy 'n gymwyfach.   Myfi, ebr ef, yw
Talieffin ben-beirdd y gorllewin, a dyna beth
o'm difregwawd i.   Nis gwn i, ebr finneu,
beth a allei 'ch meddwl fod, onid allei 'r
Fâd-felen a ddifethodd *Faelgwn* Gwynedd,
eich lladd chwitheu ar y feifdon a'ch rhannu
rhwng y Brain a'r Pyfcod.   Taw ffŵl, ebr
ef, brutio 'r oeddwn i am fy nwy *alwe-*
digaeth, Gwr o Gyfraith a Phrydydd : A
ph'run

ph'run meddi di rwan debycca ai *Cyfreithiwr*
i Gigfran reibus, ai *Prydydd* i Forfil ? Pa
fawl un a ddi-giga un *Cyfreithiwr* i godi ei
grombil ei hun, ac oh ! mor ddifatter y
gollwng e'r gwaed, a gadel Dyn yn lled-
farw ! A'r *Prydydd*, ynte, p'le mae 'r Pyf-
codyn fy 'r un lwnc ag ef, ac mae hi 'n fôr
arno bob amser, etto ni thyrr y Môr-heli
moi fyched ef. Ac erbyn y bai Ddyn yn
Brydydd ac yn *Gyfreithiwr*, pwy a wŷr p'run
ai Cîg ai Pyfcod fyddei : ac yn ficcr, os
byddei 'n un o Wŷr Llŷs fel y bum i, ac
yn gorfod iddo newid ei flas at bob geneu.
Ond dywed i mi, ebr ef, a oes y rwan ne-
mor o'r rheiny ar y Ddaiar ? Oes, ebr fineu,
ddigon, os medr un glyttio rhyw fâth ar
ddyri, dyna fe 'n Gadeir-fardd. Ond o'r
lleill, ebr fi, mae 'r fâth blâ yn gyfarthwyr,
yn fân-Dwrneiod a Chlarcod nad oedd lo-
cuftiaid yr Aipht ddim pwys ar y Wlâd
wrth y rhain. Nid oedd yn eich amfer
chwi, Syr, ond bargeinion bol clawdd, a
llêd llaw o fcrifen am dyddyn canpunt, a
chodi carnedd neu goeten *Arthur* yn goffa-
dwriaeth o'r pryniant a'r terfyneu : Nid
oes mo'r *nerth* i hynny rwan, ond mae
chwaneg o *ddichell* ddyfeifddrwg, a chyfled,
a chromlech o femrwn fcrifennedig i fic-
crhau 'r fargen ; ac er hynny odid na fydd
neu fe fynnir ryw wendid ynddi. Wel',
wel', ebr *Taliefsin*, ni thalwn i yno ddraen,
                                                           ni

ni waeth genni lle 'r wyf: ni cheir byth
Wir lle bo llawer o Feirdd, na *Thegwch* lle
bo llawer o Gyfreithwyr, nês y caffer
Iechyd lle bo llawer o Phyfygwyr. Yn hyn,
dyma ryw fwbach henllwyd bâch a glyw-
fei fod yno *Ddyn bydol* yn fyrthio wrth fy
nhraed, ac yn wylo 'n hidl. Och o druan,
ebr fi, beth wyti? Un fy 'n cael gormod
o gam yn y byd beunydd, ebr ynte, fe
gai 'ch enaid chwi fynny i mi uniondeb.
Beth, ebr fi, y gelwir di? F' a'm gelwir i
Rhywun, ebr ef, ac nid oes na llatteiaeth
nac athrod, na chelwyddeu na chwedleu, i
yrru rhai benben, nad arna 'i y bwrir y
rhan fwya o honynt. Yn wir, medd un,
mae hi 'n Ferch odiaeth, ac hi fu 'n eich
canmol chwi wrth *rywun*, er bod *rhywun*
mawr yn ei cheifio hi. Mi a glywais *ry-
wun*, medd y llall, yn cyfri naw cant o bun-
neu o ddlêd ar y ftât honno. Gwelais
rywun ddoe, medd y Cardottyn, a chadach
brith fel moriwr a ddaethei â llong fawr o
yd i'r borth nefa; ac felly pob cerpyn am
llurgunia i iw ddrŵg ei hun. Rhai a'm
geilw i 'n *Ffrind*; mi gês wybod gan
Ffrind, medd un, nad oes ymryd hwn a
hwn adel ffyrling iw Wraig, ac nad oes
dim di-ddigrwydd rhyngthynt; rhai eraill
a'm diyftyrant i mhellach gan 'y ngalw 'n
Frân, fe ddywed *Brân* i mi fod yno gaftieu
drŵg meddant. Iè, rhai a'm geilw ar
henw

henw parchediccach yn *Henwr*, etto nid
eiddo fi hanner y coelion, a'r brutieu, a'r
cynghorion a roir ar yr Henwr ; ni phe-
rais i erioed ddilyn yr henffordd, os byddei
'r newydd yn well, ac ni feddyliais i e-
rioed warafun cyrchu i'r Eglwys wrth beri,
Na fynych dramwy lle bo mwya dy groefo, na
chant o'r fath. Ond *Rhywun* yw fy henw
cyffredina i, ebr ef, hwnnw a gewchwi
glywed fynychaf ymhob mawrddrwg ; o-
blegid gofynnwch i un lle y dywedpwyd y
mawr gelwydd gw'radwyddus, pwy a'i
dyweid ; yn wir, medd ynte, nis gwn i
pwy, ond fo 'i dyweid *Rhywun* yn y
cwmnhi, holi pawb o'r cwmpeini am y
chwedl, fe'i clybu pawb gan *rywun*, ond nis
gŵyr nêb gan bwy. Onid yw hyn yn
gamm cywilyddus, ebr ef ? Ertolwg, a hy-
fpyfwchwi i bawb a glywoch yn fy henwi,
na ddywedais i ddim o'r petheu hyn, ni ddy-
feifiais ac ni adroddais i gelwydd erioed i
wradwyddo nêb, nac un chwedl i yrru ce-
raint bendramwnwgl ai gilydd ; nid wy 'n
dyfod ar eu cyfyl, nis gwn i ddim o'u
ftoriâu, na'u mafnach, na'u cyfrinach fellti-
gedig hwy, na wiw iddynt fwrw mo'u
drygeu arna 'i, ond ar eu 'menyddieu lly-
gredig eu hunain. Ar hyn, dyma Angeu
bâch, un o fcrifenyddion y Brenhin, yn go-
fyn i mi fy henw, ac yn peri i Meiftr *Cwfc*
fy nwyn i 'n ebrwydd ger bron y Brenin.
Gorfod

Gorfod mynd o'm llwyr anfodd gan y
nerth a'm cippiodd fel corwynt, rhwng
uchel ac ifel, filoedd o filltiroedd yn ein
hôl ar y llaw affwy, oni ddaethom eilwaith
i olwg y Wàl derfyn, ac mewn congl
gaeth ni welem glogwyn o Lŷs candryll
penegored dirfawr, yn cyrraedd hyd at y
Wàl lle 'r oedd y dryfau aneirif, a rheiny
oll yn arwain i'r anferth Lŷs arfwydus
hwn : â phenglogeu Dynion y gwnelſid y
murieu, a rheini 'n 'fcyrnygu dannedd yn
erchyll ; du oedd y clai wedi ei gyweirio
trwy ddagreu a chwŷs, a'r calch oddi allan
yn frith o phlêm a chrawn, ac oddifewn o
waed dugoch. Ar ben pôb twr, gwelit
Angeu bach â chanddo galon dwymn ar
flaen ei faeth. O amgylch y Llŷs 'r oedd
rhai *coed*, ymbell Ywen wenwynig, a Cy-
pres-wydden farwol, ac yn y rheini 'roedd
yn nythu ddylluanod, Cigfrain ac Adar y
Cyrph a'r cyfryw, yn creu am *Gig* fŷth,
er nad oedd y fangre oll ond un *Gigfa* fawr
ddrewedig. O efcyrn morddwydydd Dy-
nion y gwnelſid holl bilereu 'r Neuadd, a
Philereu 'r Parlwr o efcyrn y coefeu, a'r
llorieu 'n un walfa o bôb cigyddiaeth. Ond
ni chês i fawr aros nad dyma fi yngolwg
Allor fawr arfwydus lle gwelwn y Brenin
Dychrynadwy yn traflyncu cîg a gwaed
Dynion, a mil o fân angheuod o bob twll
yn ei borthi fyth, â chîg îr twymn : Dyma,
eb

eb yr Angeu, a'm dygafei i yno walch a
gês i ynghanol *Tir Ango*, a ddaeth mor
yfcafn-droed, na phrofodd eich mawrhydi
dammeid o hono 'rioed. Pa fodd y gall
hynny fod, ebr y Brenin, ac a ledodd ei
hopran cyfled a daiargryn i'm llyncu. Ar
hyn, mi a drois tan grynu at *Gwfc*; Myfi,
ebr *Cwfc*, a'i dygais ef yma. Wel', ebr y
Brenin cul ofnadwy er mwyn fy mrawd
Cwfc, chwi ellwch fynd i droi 'ch traed am
y tro yma; ond gwiliwch fi 'r tro nefa.
Wedi iddo fod ennyd yn bwrw celanedd
iw geubal ddiwala, parodd roi dyfyn iw
ddeiliaid, ac a fymudodd o'r Allor i *Orfedd-
fainc* echryflawn dra-uchel, i fwrw 'r car-
charorion newydd ddyfod. Mewn mu-
nyd, dyma 'r meirw fwy na rhi o fintei-
oedd yn gwneud eu moes i'r Brenin, ac
yn cymryd eu lle mewn trefn odiaeth.
A'r Brenhin *Angeu* yn ei frenhinwifc o
Scarlad gloewgoch, ac hyd-ddi lunieu
Gwragedd a Phlant yn wylo, a Gwŷr yn
ochneidio; ac am ei ben gap dugoch tri-
chonglog (a yrrafei ei gâr *Lucifer* yn an-
rheg iddo) ar ei gonglau fcrif'nafid *Galar
a griddfan a gwae* uwch ei ben 'r oedd
myrdd o lunieu rhyfeloedd ar fôr a thîr,
trefi'n llofci, y ddaiar yn ymagor, a'r Dw'r-
diluw; a than ei draed nid oedd ond coro-
neu a theyrnwiail yr holl Frenhinoedd a
orchfygafei fe 'rioed. Ar ei law ddeheu
'r oedd

'r oedd *Tynged* yn eifte, ac â golwg ddu
ddèl yn darllen anferth Lyfr oedd o'i flaen:
Ac ar y llaw affwy 'r oedd henddyn a el-
wid *Amfer*, yn dylifo aneirif o edafedd *aur*,
ac edafedd *arian*, a *chopr*, a *haiarn* lawer
iawn, ac ymbell edy 'n prifio 'n well at ei
diwedd a myrddiwn yn prifio 'n waeth ;
hyd yr edafedd yr oedd *orieu, diwrnodiau*, a
blynyddoedd ; a Thynged wrth ei Lyfr yn
torri 'r edafedd *einioes*, ac yn egor dryfeu 'r
Wàl derfyn rhwng y *ddau Fyd*. Ni chaw-
fwn i fawr edrych na chlywn alw at y barr
bedwar o ffidleriaid oedd newydd farw.
Pa fodd, ebr Brenin y Dychryn, a daed
gennych lawenydd na ddaliafechwi o'r
tu draw i'r *Agendor*, canys ni fu o'r tu
yma i'r Cyfwng lawenydd erioed ? Ni
wnaethom ni, ebr un Cerddor, ddrwg i
nêb erioed, ond eu gwneud yn llawen, a
chymeryd yn diftaw a gaem am ein poen.
A gadwafoch i nêb, ebr *Angeu*, i golli eu
hamfer oddiwrth eu gorchwyl, neu o fynd
i'r Eglwys, ha ? Na ddo, ebr un arall,
oddieithr bod ymbell Sul wedi gwafanaeth
yn y tafarn-dy tan dranoeth, neu amfer hâ
mewn twmpath chwarae, ac yn wîr, yr
oeddym ni 'n gariadufach, ac yn lwccufach
am gyn'lleidfa na'r Perfon. Ffwrdd, ffwrdd
â 'r rhain i Wlâd yr Anobaith, ebr y Brenin
ofnadwy, rhwymwch y pedwar gefn-gefn,
a theflwch hwy at eu cymeiriaid, i ddawn-
fio

fio 'n droednoeth hyd aelwydydd gwynias,
ac i rygnu fyth heb na *chlôd* na *chlera*. Y
nefa a ddaeth at y barr, oedd rhyw Frenin
agos i *Rufein :* Cyfod dy law garcharor, ebr
un o'r Swyddogion : gobeithio, ebr hwn-
nw, fôd gennych beth gwell moes a ffafr i
Frenin. Syre, ebr *Angeu* chwitheu ddyla-
fech ddàl y tu arall i'r Agendorr lle mae
pawb yn Frenhinoedd ; ond gwybyddwch
nad oes o'r tu yma 'r un ond fy Hunan,
ac un Brenin arall fydd i wared obry, a
chewch weled na phrifia hwnnw na min-
neu yn ngraddeu 'ch mawrhydi eithr yn-
graddeu 'ch drygioni, i gael cymmwyfo
'ch côfp at eich beieu, am hynny attebwch
i'r holion. Syr, ebr ynte, gwybyddwch
nad oes gennych ddim awdurdod i'm dàl,
nac i'm holi : Mae genni faddeuant o'm
hôll bechodeu tan law 'r *Pâp* ei hun, am i
mi ei wafanaethu e'n ffyddlon, ynte roes i
mi gynnwyfiad i fynd yn union i *Baradwys,*
heb aros funud yn y purdan : Wrth hyn,
dyma 'r Brenin a'r holl gegeu culion yn
rhoi oer-yfcyrnygfa i geifio dynwared
chwerthin ; a'r llall yn ddigllon wrth y
chwerthin yn eu gorchymyn i ddangos
iddo 'i ffordd. Taw ffŵl colledig, ebr *An-*
geu, tu draw i'r Wàl o'th ôl y mae 'r *pur-*
dan, canys yn dy fywyd y dylafit ymbu-
ro : Ac ar y llaw ddeheu tu hwnt i'r A-
gendor yna, y mae *Paradwys.* Ac nid oes
dim

dim ffordd boffibl i ti ddianc weithian, na
thros yr Agendor i *Baradwys,* na thrwy 'r
Wàl-derfyn yn d' ôl i'r *Byd :* Canys, pe
rhoit dy frenhiniaeth (lle ni feddi ddim-
meu i roi) ni cheit gan borthor y dryfau
yna, fpio unwaith trwy dwll y clo. Y
Walddiadlam y gelwir hon, canys pan dde-
ler unwaith trwyddi, yn iàch fyth ddy-
chwelyd. Ond gan eich bod cymmaint yn
llyfreu 'r Pâp, cewch fynd i gyweirio 'i
wely ef at y Pâp oedd o'i flaen, ac yno
cewch gufanu 'i fawd ef byth, ac ynte fawd
Lucifer. Ar y gair, dyma bedwar o'r mân
angheuod yn ei godi, ag ynte erbyn hyn
yn crynu fel dail yr aethnen, ac ai cippia-
fant fel y mêllt allan o'r golwg. Yn nefa
at hwn daeth Màb a Merch : Ef a fafei 'n
gydymaith da, a hithe 'n Ferch *fwyn,* ne 'n
rhwydd o'i chorph : Eithr galwyd hwy
yno wrth eu henwau noethion, *Meddwyn* a
Phuttain. Gobeithio, ebr y Meddwyn, y
câfi gennych beth ffafr, mi yrrais i chwi
lawer yfclyfaeth dew mewn llifeiriant o
gwrw da ; a phan fethais yn lladd eraill,
daethum fy hun yn 'wyllyfcar i'ch porthi.
Trwy gennad y Cŵrt, nid hanner a yrrais
i iddo, ebr y Butten, wedi eu hoffrwm yn
ebyrth llôfc, yn Gîg rhôft parod iw fwrdd.
Hai, hai, ebr Angeu, er eich trachwanteu
melltigedig eich hunain, ac nid i'm porthi
i y gwnaed hyn oll : Rhwymwch y ddau,
wyneb

wyneb yn wyneb, gan eu bod yn hên gy-
feillion, a bwriwch hwy i *Wlâd y tywyllwch*,
a chwyded ef iw chêg hi, pifed hitheu dân
iw berfedd ynte hyd Ddyddfarn ; yna cip-
piwyd hwytheu allan a'u penne 'n ifa.   Yn
nefa i'r rhain, daeth faith *Recordor :* peri
iddynt godi eu dwylo ar y barr, ni chlywid
mo hynny, canys 'r oedd y cledreu 'n
ireiddlyd ; ond dechreuodd un ddadleu 'n
hyfach, ni ddylafem gael dyfyn teg i baro-
toi 'n hatteb, yn lle 'n rhuthro 'n lledra-
daidd.   O nid ŷm ni rwymedig i roi i
chwi 'r un dyfyn pennodol, ebr *Angeu*, am
eich bod yn cael ymhôb lle, bôb amfer
o'ch einioes rybudd o'm dyfodiad i.   Pa
fawl pregeth a glywfoch am *farwoldeb
dyn ?*   Pa fawl llyfr, pa fawl bedd, pa
fawl clul, pa fawl clefyd, pa fawl cen-
nad ac arwydd a welfoch ?   Beth yw 'ch
Cŵfc ond fy mrawd i ?   Beth yw 'ch pen-
glogeu ond fy llun i ?   Beth yw 'ch bwyd
beunyddiol ond creaduriaid *meirwon ?*   Na
cheifiwch fwrw mo'ch aflwydd arna fi,
chwi ni fynnech fôn am y dyfyn er ei gael
ganwaith.   Ertolwg, ebr un *Recordor* coch,
be fy gennych i 'n herbyn ?   Beth, ebr An-
geu ?   Yfed chwŷs a gwaed y tlodion, a
chodi dwbl eich cyflog.   Dyma wr goneft,
eb ef, gan ddangos Cecryn oedd o'u hôl, a
ŵyr na wnaethum i 'rioed ond tegwch : ac
nid têg i chwi 'n dàl ni yma heb gennych
                                                    un

un bai pennodol iw brofi i 'n herbyn. Hai,
hai, ebr Angeu, cewch brofi 'n eich erbyn
eich hunain : Gofodwch, ebr ef, y rhain
ar fin y *Dibyn* ger bron Gorfedd *Cyfiawn-
der*, hwy a gânt yno uniondeb er nas
gwnaethant. Yr oedd yn ôl etto faith o
Garcharorion eraill, a rheiny 'n cadw 'r fâth
drafferth a thrŵft, rhai 'n gwenieithio,
rhai 'n ymrincian, rhai 'n bygwth, rhai 'n
cynghori, *&c.* Prin y galwafid hwy at y
barr, nad dyma 'r Llŷs oll wedi duo 'n
faith hyllach nac or blaen, a grydwft, a
chyffro mawr o gylch yr Orfeddfainc a'r
Angeu 'n lafach nac erioed. Erbyn ymo-
rol un o gennadon *Lucifer* a ddaethei â Lly-
thyr at Angeu, ynghylch y faith garcharor
hyn ac ymhen ennyd parodd *Tynged* ddar-
llen y Llythyr ar ofteg, ac hyd yr wy 'n
cofio dyma 'r geirieu :

Lucifer *Brenin Brenhinoedd y Byd*, *Twy-
fog Annw'n a Phrif-Reolwr y Dyfnder at
Ein naturiol Fâb, y g alluoccaf Ddychryna-
dwy Frenin* Angeu, *cyfarch a gorucha-
fiaeth ac yfpleddach dragwyddol.*

Yn gymaint a darfod i rai o'n cennadon
cyflym fy 'n waftad allan ar Yfpî, yfpyfu i
ni ddyfod gynneu i'ch Brenhinllys, faith
Garcharor o'r faith rywogaeth ddihira 'n y
Byd, a pherycla, a'ch bod chwi ar fedr eu
hyfcwyd

COLEG MENAI
BANGOR, GWYNEDD LL57 2TP

hyfcwyd tros y Geulan i'm Teyrnas i:
Eich cynghori 'r wyfi i brofi pôb ffordd
boffibl iw gollwng hwy 'n eu hôl i'r Byd:
gwnànt yno fwy o wafanaeth i chwi am
ymborth ac i mineu am well cwmnhi:
Canys, gwell gennym eu lle na'u cwm-
peini, cawfom ormod o heldrin gyda 'u
cymmeiriaid hwy er's talm, a'm Llywo-
draeth i'n cythryblus eufys. Am hynny
trowch hwy 'n ei hôl, neu gedwch gyda
chwi hwynt. Oblegid myn y Goron Uffer-
nol os bwri hwy yma, mi a faluriaf tan
Seiliau dy Deyrnas di hyd oni fyrthio 'n
un a'm Teyrnas fawr fy hun.

*O'n Brenhinllys ar fugnedd yn y Fall-gyrch
eirias yn y Flwyddyn o'n Teyrnafiad
5425.*

Safodd y Brenin Angeu a'i wep yn wyrdd
ac yn lâs ennyd ar ei gyfyng-gyngor. Ond
tra bu e'n myfyrio, dyma Dynged yn troi
atto 'r fath guwch haiarn-ddu a wnaeth
iddo grynu. Syre, ebr ef, edrychwch beth
a wneloch: Ni feiddia fi ollwng neb yn
ol trwy Derfyn glawdd Tragwyddoldeb y
Wâl ddiadlam, na chwitheu eu llochi hwy
yma ; am hynny, gyrrwch hwynt ymlaen
iw deftryw heb waetha i'r Fall fawr ; Fe
fedrodd drefnu llawer dalfa o fil neu
ddengmil o eneidieu bôb un iw le mewn
munud,

munud, a pha 'r gledi fydd arno rwan gyda
faith er eu perycled ? Pa ddelw bynnac, pe
troent y llywodraeth uffernol tros ei cho-
lyn, gyrr di hwynt yno 'n fydyn, rhag
ofn i mi gael gorchymyn i'th daro di 'n
ddim cyn d'amfer. Am ei fygythion *ef*,
nid ŷnt ond celwyddog : Canys er bod dy
ddiben di a'r henddyn draw *(gan edrych
ar Amfer)* yn nefau o fewn ychydig ddalen-
neu 'n fy Llyfr difommiant i ; Etto nid
rhaid i ti uno'n foddi at *Lucifer*, er daed fy-
ddei gan hawb yno dy gael di, etto byth
nis cânt : Oblegid mae 'r Creigieu dûr a
a diemwnt tragwyddol fy 'n toi Annwn
yn rhy gedyrn o beth iw malurio. Ar
hynny galwodd Angeu 'n gyffrous am un
i fgrifennu 'r atteb fel hyn :

Angeu, *Frenin y Dychryniadau, Cwncwerwr
y Cwncwerwyr at ein Parchediccaf Gâr a'n
Cymydog* Lucifer *Brenin Hirnos, Pen-
llywodraethwr y Llynclyn Diphwys an-
nerch.*

Ar ddwfn yftyried eich brenhinol ddy-
muniant hwn, gwelfom yn fuddiolach nid
yn unic i'n Llywodraeth ni, eithr hefyd
ich' Teyrnas helaeth chwitheu, yrru 'r car-
charorion hyn bella, bai boffibl, oddiwrth
ddryfeu 'r Wal ddiadlam, rhag iw Sawyr
drewedig ddychrynu 'r holl Ddinas *ddihe-
nydd,*

nydd, fel na ddêl dyn byth i Dragwyddol-
deb o'r tu yma i'r Agendor, ac felly ni
chawn i fyth oeri ngholyn, na chwitheu
ddim cwfmeriaeth rhwng Daiar ac Uffern.
Eithr gadawaf i chwi eu barnu a'u bwrw
i'r celloedd a welochwi gymmwyfaf a fic-
craf iddynt.

> *O'm Brenhinllys ifa yn y* Goll-borth *fawr*
> *ar* Ddiftryw. *Er blwyddyn adnewy-*
> *ddiad fy Nheyrnas,* 1670.

Erbyn clywed hyn oll, 'r oeddwn inne 'n
yfu am gael gwybod pa ryw bobl allei 'r
Seithnyn hynny fod, a'r Diawliaid eu hunain
yn eu harfwydo cymmaint.   Ond cyn
pen nemor, dyma Glarc y Goron yn eu
galw hwy wrth eu henwau fel y canlyn.
Meiftr *Medleiwr,* aliàs *Bys ym hôb brywes,*
'roedd hwn mor chwidr a phryfur yn
fforddio 'r lleill nad oedd e 'n cael mor
ennyd i atteb trofto 'i hun nes i Angeu
fygwth ei hollti a'i faeth.   Yna Meiftr
Enllibiwr, aliàs *Gelyn y geirda,* dim atteb :
mae e'n orchwylus glywed ei ditlau, eb y
trydydd, nis gall aros mo'r llyfenwau.
Ai tybied, eb yr *Enllibiwr,* nad oes *ditlau* i
chwitheu ? Gelwch, ebr ef, Meiftr *Rhodrefwr*
mel-dafod, *aliàs,* Llyfn y llwnc, *aliàs,* Gwên
y gwenwyn.   *Redi !* ebr Merch oedd yno
tan ddangos y Rhodrefwr. O, ebr ynte,
Madam

Madam *Marchoges!* eich gwafanaethwr tlawd,
da genni 'ch gweled yn iâch ni weles i
'rioed ferch harddach mewn clôs ; ond
o'ch feddwl druaned yw 'r Wlâd ar eich
ôl am lywodraethwraig odiaeth, etto 'ch
cwmnhi hyfryd chwi a wnâ Uffern ei
hun yn beth gwell. O Fâb y Fall fawr,
ebr hi, nid rhaid i nêb gyda thi 'r un
Uffern arall, 'r wyti 'n ddigon. Yna gal-
wodd y Criwr *Marchoges,* aliàs, *Meiftres y
Clôs!* *Redi,* eb, rhywun arall, ond hi ni
ddywedodd air, eifieu ei galw hi *Madam.*
Yn nefa, galwyd *Bwriadwr Dyfeifieu,* aliàs,
Siôn o bob Crefft. Ond ni attebei hwnnw
chwaith, 'r oedd e 'n pryfur ddyfeifio 'r
ffordd i ddianc rhag *Gwlâd yr Anobaith.*
Redi, redi, ebr un oi ôl, dyma fo 'n fpio lle
i dorri 'ch brenhinllys, ac oni wiliwch, mae
ganddo gryn ddyfais i'ch erbyn. Ebr y
Bwriadwr, gelwch ynte 'n rhodd, Meiftr
Cyhuddwr, ei frodyr, *aliàs,* Gwiliwr y gwa-
llieu, *aliàs,* Lluniwr Achwynion. *Redi,
redi,* dyma fo, ebr Ceccryn cyfreithgar,
canys gwyddei bob un henw 'r llall, ond ni
addefei neb mo'i henw ei hunan. Ge-
lw chwitheu, ebr Cyhuddwr, Meiftr *Ceccryn
cyfreithgar,* aliàs, *Cwmbrus y cyrtieu:* Tyftion,
tyftion o honoch, fel y galwodd y cnâ fi,
ebr Cecryn. Hai, hai, ebr *Angeu,* nid wrth
y Bedyddfaen, ond wrth y Beieu 'r hen-
wir pawb yn y Wlad yma, a thrwy 'ch
cennad,

cennad, Meiſtr *Ceccryn*, dyna 'ch henweu
a ſai arnoch o hyn allan byth.   Aie, ebr
Ceccryn, myn Diawl, mi wnâ 'n hâllt i
chwitheu, er y galleich fy lladd, nid oes
gennych ddim awdurdod i'm llyſenwi.
Mi rôf gydcwyn am hynny, ac am gam-
garchariad arnochwi ach câr *Lucifer* yn-
ghwrt *Cyfiawnder*.   Erbyn hyn, gwelwn
fyddinoedd *Angeu* wedi ymdrefnu, ac ymar-
fogi, a'u golwg ar y Brenin am roi 'r gair.
Yna, ebr y Brenin, wedi ymſythu ar ei fren-
hinfainc, Fy lluoedd ofnadwy anorchfygol
na arbedwch ofal a phryſurdeb i hebrwng
y Carchrorion hyn allan o'm Terfyneu i
rhag diwyno Ngwlâd ; a bwriwch hwy
'n rhwym tros y Dibyn diobaith, au penne
'n iſa.   Ond yrwythfed y gwr cwmbrus
yna ſy 'n fy mygwth i, gedwch ef yn
rhŷdd uwchben y Geulan tan Gwrt *Cy-
fiawnder*, i brofi, gwneud ei gwyn yn ddâ
i'm herbyn i, os geill.   A chyda 'i fod e 'n
eiſtedd, dyma 'r holl Fyddinoedd marwol
wedi amgylchu a rhwymo 'r Carchrorion,
ac yn eu cychwyn tu a'u lletty.   A min-
neu wedi mynd allan, ac yn lled-ſpio ar
eu hôl, Tyrd yma, ebr *Cwſc*, ac a'm cip-
piodd i ben y Twr ucha ar y Llŷs.   O-
ddiyno, gwelwn y Carchrorion yn mynd
rhagddynt iw dihenydd tragwyddol : A
chyn pen nemor, cododd pwff o gorwynt,
ac a chwalodd y Niwl pygdew cyffredin
                                              oedd

oedd ar wyneb *Tir Ango,* onid aeth hi 'n
llwyd oleu, lle gwelwn i fyrdd fyrddiwn
o ganhwylleu gleiſion, ac wrth y rheiny,
cês olwg o hirbell ar fin y *Geulan ddiwae-
lod :* Ond os golwg dra echryſlawn oedd
honno, 'roedd yno uwchben olwg erchy-
llach na hitheu, ſef, *Cyfiawnder* ar ei *Gor-
ſeddfainc* yn cadw drws Uffern, ar Frawdle
neilltuol uwchben y ſafn i roi barn ar y
Colledigion fel y delont. Gwelwn daflu
'r lleill bendramwnwgl, a *Checcryn* ynteu
yn rhuthro 'i daflu ei hun tros yr ymyl
ofnadwy, rhag edrych unwaith ar Gwrt
Cyfiawnder, canys och ! 'r oedd yno olwg
rydoſt i wyneb euog. Nid oeddwn i ond
yſpio o *hirbell,* etto mi a welais fwy o er-
chylldod arſwydus, nac a fedrai rwan ei
draethu, nac a fedrais i'r pryd hynny ei
oddef ; canys, ymdrechodd a dychlammodd
f' yſpryd gan y dirfawr ddychryn, ac y-
morcheſtodd mor egniol, oni thorrodd holl
gloieu Cŵſc, a dychwelodd f' enaid iw
chynnefin ſwyddeu : A bu lawen iawn
genni 'ngweled fy hun etto ymŷfc y
rhai *byw* ; a bwriedais fyw well-well, gan
fod yn eſmwythach genni gan mlynedd o
gyſtudd yn llwybreu ſanĉteiddrwydd, na
gorfod gweled cip arall ar erchylldod y No-
ſon honno.

Ar

Ar y Dôn a elwir Leaveland, *neu*
Gadel y Tîr.

1.

GAdel tîr, *a gadel* tai,
(*Byrr yw 'r rhwyfc i Ddyn barhau*)
Gadel Pleser *mwynder mêl*,
A gadel uchel achau.

2.

Gadel Nerth, *a* Thegwch pryd,
Gadel Prawf *a* Synwyr *ddrud*,
Gadel Dyfc *a* Cheraint *da*,
A phôb anwyldra '*r Hollfyd*.

3.

Oes dim help rhag Angeu Gawr,
Y Carnlleidr Mwrdriwr mawr,
Sy 'n dwyn a feddom ddrwg a dâ,
A ninneu iw Gigfa gegfawr!

4. Gwŷr

4.

Gwŷr yr Aur, *ond gwych y faï*
Gael fyth fwynhau 'ch meddianneu :
Mae'l y gwnewch 'i rhyngoch Rodd
A ryngo fodd i'r Angeu.

5.

Chwi rai glân *o* bryd *a* gwedd,
Sy 'n gwallio Gorſedd-feincieu !
Mae'l y trwſiwch chwithe 'ch mîn
I ddallu 'r Brenin Angeu.

6.

Chwi 'r yſcafna ar eich troed,
Yn ngrymmus Oed eich blodeu ;
Ymwnewch i ffoi, a chwi gewch glôd
O diengwch rhag nôd Angeu.

7.

Mae clod i Ddawns *a pheraidd* Gân,
Am warrio aflan Ddrygeu :
Ond mawr na fedrei Sioncrwydd *Ffrainc,*
Rygyngu cainc rhag Angeu.

8. *Chychwi*

8.

Chychwi Drafaelwyr *Môr a Thud,*
A'r Byd i gyd a'i gyrreu:
Yn rhodd a welſoch mewn un lle,
Ryw gongol grê rhag Angeu?

9.

Chwi 'Scolheigion a Gwyr-Llys,
Sy'n deall megys duwieu!
A rowch 'i myſc eich dyſc a'ch dawn,
Ryw gyngor iawn rhag Angeu?

10.

Y Byd y Cnawd a'r Cythrael yw,
Prif-Elynion pob dyn byw:
Ac etto gwiliwch Angeu Gawr,
O'r Gollborth fawr ar Ddeſtryw.

11.

Sôn am Angeu *nid oes brîs,*
Ai Gollborth, *a'i* Ddiangborth *Lys;*
Ond beth pan elech di dy hun,
Oes fatter p'r un o'r ddeu-lys?

12. *Nid*

12.

Nid oes yma ronyn prîs,
Fynd tros y ftrip yn uwch ne'n îs ;
Nid yw 'r bythol betheu *mawr,*
I'th dyb di nawr ond bribis.

13.

Ond pan fò'r Ange 'mron dy ddàl,
Wrth odre 'r Wàl ddiadlam,
Gwybydd y bydd i ti brîs
Os cemmi rîs yn lledcam.

14.

Pan fo d' Enaid am y clô,
A mynd i'r fawr Dragwyddol Frô,
Oes brîs wrth egor cîl y Ddôr,
Pa dy i'r Agendor *fyddo?*

15

Credu *ac* Edifarhâu,
A Buchedd Sanctaidd y gwellâu,
Y rhain yw 'r unig help i Ddyn,
Rhag ing a cholyn Angeu.

16. *Gwael*

16.

Gwael y gweli rhain yn awr,
Ond wrth fudo i'r Byd mawr,
Tydi a'u prifi 'n fwy na hyn,
Ar fin dy Derfyn dirfawr.

17.

Pan fo 'r Byd i gyd ar goll,
A'i fwynder oll ar d' ollwng,
Anfeidrol fydd eu prîs au gwerth,
Wrth Gae yr anferth Gyfwng.

III.

I I I.

Gweledigaeth U F F E R N.

AR foreu têg o *Ebrill* rywiog â'r Ddaiar yn lâs feichiog a *Phrydain* baradwyfedd yn gwifco lifrai gwychion, arwyddion *Heulwen Hâ* ; rhodio 'r oeddwn ynglann *Hafren*, ynghanol melyfbyncieu cerddorion bâch y Goedwig, oedd yn ymryfon torri pob mefureu *mawl* hyfrydlais i'r Creawdwr ; a minne 'n llawer rhwymediccach, weithieu mi gyd-bynciwn â'r Côr afcellog mwynion, ac weithieu darllenwn rann o Lyfr *Ymarfer Duwioldeb.* Er hynny yn y myw nid ai o'm cô fy *ngweledigaetheu* o'r blaen, na redent fyth a hefyd i'm rhwyftro ar draws pôb meddyliau eraill. A daliafant im blino, nes imi wrth fanwl ymrefymmu yftyried nad oes un weledigaeth ond *oddiuchod* er rhybudd i ymgroefi, ac wrth hynny fod arnai ddlêd iw fcrifennu hwy i lawr er rhybudd i eraill hefyd.

hefyd. Ac ar ganol hynny o waith, â mi
'n bendrift yn ceifio cafclu rhai o'r cofion
ofnadwy, daeth arnai heppian uchben fy
mhapur, a hynny a roes le i'm Meiftr
Cwfc lithro ar fy ngwartha. Braidd y cloi-
fei *Gwfc* fy fynhwyreu, nad dyma 'n cyfei-
rio atta'i ryw *ddrychiolaeth* ogoneddus, ar
wedd gŵr ieuanc tàl a glandeg iawn, a'i
wîfc yn faith wynnach na 'r eira, a'i wy-
neb yn tywyllu 'r Haul o ddifcleirdeb, ai
felyngrych aurgudynnau yn ymrannu 'n
ddwybleth loewdeg oddiarnodd ar lûn
Coron. Tyrd gyda mi ddyn marwol! ebr
ef, pan ddaeth hyd attaf : Pwy wyti f' Ar-
glwydd? ebr finneu. Myfi, ebr ef, yw
Angel Teyrnafoedd y Gogledd, gwarcheid-
wad *Prydain* a'i Brenhines. Myfi yw un
o'r Tywyfogion fy tan Orfeddfainc yr Oen
yn derbyn gorch'mynion ymhlaid yr *Efen-*
gyl, iw chadw rhag ei holl elynion fy yn
Uffern ac yn *Rhufain,* yn *Ffrainc* ac yn
Ghaer Cwftenyn, yn *Affrica* a'r *India,* a pha
le bynnac arall y maent yn dyfeifio diche-
llion iw difa. Myfi yw 'r Angel a'th wa-
redodd tu ifa i Gaftell *Belial,* ac a ddango-
fais i ti oferedd a gwallco 'r holl Fyd, y
Ddinas ddihenydd, a godidowgrwydd Dinas
Emmanuel, a daethum etto trwy ei orchy-
myn Ef i ddangos i ti bethau mwy, am dy
fod yn ceifio gwneud deunydd o'r hyn a
welaift eufys. Pa fodd f' Arglwydd, ebr
fi,

fi, y mae 'ch anrhydedd gogoneddus fy 'n
goruwchwilio Teyrnafoedd a Brenhinoedd
yn ymoftwng at gymdeithas burgyn o'm
bâth i ? O ! ebr yntef, mwy gennym ni
rinwedd Cardottyn na *mawredd brenin.* Beth
os wyf fwy na holl Frenhinoedd y Ddaiar,
ac uwch na llawer o'r aneirif Bennaethiaid
Nefol, etto gan deilyngu o'n hanfeidrol
Feiftr ni oftyngiad mor anrhaethol arno 'i
Hun, a gwifco un o'ch cyrph chwi, a byw
'n eich mŷfc, a marw i'ch achub : Pa fodd
y meiddiwn i amgen na thybio 'n rhydda
fy fwydd dy wafanaethu di a'r gwaelaf o'r
Dynion fy cyfuwch yn ffafer fy Meiftr ?
Tyrd allan yfpryd a *dibridda !* ebr ef, a'i
olwg ar ei fynu ; a chyda 'r gair, mi 'm
clywn yn ymryddhau oddiwrth bob rhann
o'r corph, ac ynte 'n fy nghipio i fynu i
entrych nefoedd, trwy fro 'r Mêllt a'r Ta-
raneu a holl Arfdai gwynias yr Wybr, anei-
rif o raddeu 'n uwch nac y bafwn gydag
ef o'r blaen, lle prin y gwelwn y Ddaiar
cyfled a chadlais. Wedi gadel i mi or-
phwys ychydig fe 'm cododd eilchwyl fyr-
ddiwn o filltiroedd, oni welwn yr Haul
ymhell odditanom, a thrwy *Gaer gwydion*
ac heibio i'r *Twr-tewdws,* a llawer o Sêr· tra-
mawr craill i gael golwg o hirbell ar Fy-
doedd eraill. Ac o hîr ymdaith, dyma ni
ar derfyneu 'r anferth *Dragwyddôldeb* ; yn-
golwg dau Lŷs y gorcheftol Frenin *Angeu,*

un

un o'r tu deheu a'r llall o'r tu affwy ym-
hell bell oddiwrth eu gilydd, gan fod
rhyw ddirfawr *Wâg* rhyngddynt. Go-
fynnais a gawn fynd i weled y Brenhinllys
deheu, oblegid ni welfwn mo *hwnnw'n* de-
byg i'r *llall* a welfwn i o'r blaen. Cei
ondodid, ebr ynte, weled ychwaneg o'r
rhagor fy rhwng y naill Lŷs a'r llall ryw-
bryd : Eithr rhaid i ni rwan hwylio ffordd
arall. Ar hyn troefom oddiwrth y *byd*
bâch, a thros y Cyfwng ymollyngafom
i'r *Wlâd tragwyddol*, rhwng y ddau Lŷs
i'r *Gwagle* hyll ; anferth Wlâd , ddofn
iawn a thywyll, di-drefn a di-drigolion,
weithie'n *oer* ac weithie'n *boeth*, weithie'n
ddiftaw, ac weithieu yn *fynio* gan y rhaia-
dydd dyfroedd yn defcyn ar y Taneu ac
yn ei diffodd ; ac yn y man gwelit dam-
chwa o dân yn torri allan, ac a lofcei'r dwr
yn fŷch : Felly nid oedd yno ddim cwrs,
na dim cyfa, dim byw, na dim lluniaidd ;
ond yr *anghyffondeb fyfrdan*, a *fyndod ty-*
wyll a'm dallafei i fyth, oni bafei i'm
cyfaill noethi eilwaith ei nefol ddifcleir-
wifc. Wrth ei oleu ef gwelwn *Dîr Ango*,
a minion Gwylltoedd *Deftryw* ymlaen o'r
tu affwy ; ac o'r tu deheu megis godreuon
ifa caereu'r *Gogoniant*. Wel'dyma'r A-
gendor fawr fy rhwng *Abraham* a *Difes*,
                                        ebr

ebr ef, a elwir y *Gymyfcfa* ddidrefn, hon
yw gwlâd y *defnyddieu*, a greodd y Cre-
awdr gynta, dyma lle mae *hadau* pob peth
byw, ac o'r rhain y gwnaeth y *Gair* Holl-
alluog eich Byd chwi ac oll fy ynddo,
Dw'r Tân, Awyr, Tîr, anifeiliaid, pŷfc
a phryfed, adar afcellog, a chyrph dynion,
ond mae eich *eneidieu* o ddechreuad ac
acheu uwch ac ardderchoccach. Trwy'r
Gymmyfcfa fawr arfwydus, ni a dorrafom
o'r diwedd allan i'r llaw chwîth ; a chyn
trafaelio neppell yno, lle'r oedd pob peth
yn dechreu mynd hyllach hyllach, clywn
y galon ynghorn yngwddf, a'm gwâllt yn
fefyll fel gwrŷch draenog cyn gweled ;
ond pan welais och ormod golwg i dafod
ddatcan, nac i yfpryd dyn marwol ei e-
drych ! mi a lewygais. Oh ! aruthrol
anferthol *Gyfwng* tra erchyll yn ymagor i
Fyd arall ! Och ar cleccian fyth yr oedd
y fflameu echryflawn wrth ymluchio tros
ymyleu'r Geulan felltigedig, a'r dreigieu
mêllt yfcethrin yn rhwygo 'r mŵg dudew'r
oedd y *Safn* anferth yn ei fwrw i fynu.
Pan ddadebrodd f'anwyl gydymmaith fi,
rhoes i mi ryw ddw'r *yfprydol* iw yfed ; o
odidocced oedd ei flâs ai liw ! pan yfais y
dwr nefol clywn *nerth* rhyfeddol yn dyfod
imi, a *fynwyr*, a *chalon*, a *ffydd* ac amryw
H   rinweddeu

rinweddeu nefol eraill. Ac erbyn hyn
nefleais gydage 'n ddiarfwyd at fin y
Dibyn, yn y Llenn, â 'r fflammeu 'n
ymrannu o'n deutu ac yn ein gochel, heb
feiddio cyffwrdd â Thrigolion *Gwlâd Uchel-
der*. Yna o ben y Geulan anaelef ymo-
llyngafom fel y gweliti ddwy Seren yn
fyrthio o entrych nêf, i lawr â ni fil filiwn
o filltiroedd, tros lawer o greigieu brwm-
ftan, a llawr anfad raiadr gwrthun, a
chlogwyn eirias a phôb peth â gŵg cro-
gedig ar i wared fyth, etto'r oeddynt oll
yn ein gochel ni ; oddieithr unwaith yr
eftynnais fy nhrwyn allan o'r *llen-gêl*, ta-
rawodd y fâth archfa fi o fygfeydd a thag-
feydd ac a'm gorphenafei oni bafei iddo'n
ddifymwth f'achub a'r dw'r bywiol. Er-
byn imi ddadebru gwelwn ein bod wedi
dyfod i ryw fefyllfod ; canys yn yr holl
Gêg anferthol honno nid oedd boffibl ddim
cynt gael attreg, gan ferthed a llithricced
ydoedd. Yno gadawodd fy nhwyfog i
mi orphwys peth drachefn ; ac yn hynny
o feibiant digwyddodd i'r Taraneu a'rCor-
wyntoedd crôch ddiftewi gronyn, ac heb
waetha i fŵn y rhaiadydd geirwon, mi a
glywn o hirbell fŵn arall mwy na'r cwbl,
o grochleifieu echrys, bonllefain, gwaeddi,
ac ochain crŷf, a thyngu a rhegu a chablu,
oni

oni roefwn i newid ar fy nghluftieu rhag
gwrando. A chyn i ni ymfymmud fod-
fedd clywem oddifynu'r fâth drwp-hwl-
rwp-rap dy-dwmp dy-damp, ac oni bafei
i ni ofcoi'n fydyn fyrthiafei arnom ganto
edd o ddynion anhappus oedd yn dyfod
ar eu penneu mewn gormod brŷs i ddrwg-
fargen, a llu o Ellyllon yn ei gyrru. O
Sir, ebr un Diawl, cymrwch yn araf rhag
dyryfu'ch cudyn crŷch. Madam, a fyn-
nwchwi gluftog efmwyth? mae arnai ofn
na fydd arnoch ddim trefn erbyn yr eloch
i'ch lletty, meddei ef wrth y llall. Gwr-
thnyfig aruthr oedd y dieithriaid i fynd
ymlaen, gan daeru eu bod allan o'r ffordd,
ac er hynny mynd yr oeddid a ninneu o'u
lledol, hyd at Weilgi ddu ddirfawr o faint,
a thrwodd yr aethant hwy, a throfodd
ninneu, â'm cydymaith yn dàl y *dw'r*
wrth fy nhrwyn i'm nerthi rhag archfa'r
afon, ac erbyn y gwelwn rai o'r *trigolion*,
canys hyd yn hyn nis gwelfwn gymmaint
ac un *Diawl*, ond clywed eu llais. Beth,
ertolwg fy nhwyfog, y gelwir yr Afon
farwedd hon, ebr fi? *Afon y Fall*, ebr yn-
te, lle trochir ei holl ddeiliaid ef iw cym-
wyfo at y Wlâd: Mae'r dw'r melltigedig
hwn, ebr ef, yn newid eu *gwedd*, yn golchi
ymaith bob *gweddillion* daioni, pôb *rhîth*
gobaith

gobaith a chyfur. Ac erbyn gweled y llu
yn dyfod trwodd, nis gwyddwn i ddim
rhagor gwrthuni rhwng y *Diawliaid* a'r
Damniaid. Chwenychei rai o honynt le-
chu yngwaelod yr Afon, a bod yno fyth
fythoedd yn tagu, rhag cael ymlaen waeth
lletty : Ond fel y mae 'r ddihareb, *Rhaid i
hwnnw redeg y bo Diawl yn ei yrru*, felly gan
y Diawliaid oedd o'u hôl 'r oedd yn gorfod
i'r damniaid hyn fynd ymlaen hyd y Feif-
don ddiniftriol iw dihenydd tragywyddol ;
lle gwelais inneu ar y golwg cynta fwy
nac a all calon Dyn ei ddychymyg,
chwaethach tafod ei draethu o arteithieu a
dirboeneu ; a digon oedd weled un o ho-
nynt er gwneud i'r gwâllt fefyll, i'r gwaed
fferri, i'r cnawd doddi, i'r efcyrn ymo-
llwng, iè, i'r yfpryd lewygu. Beth yw
polioni, neu lifio Dynion yn fyw ? tynnu
'r cnawd yn dammeidieu, â gwrthrimmyn-
nod heirn, neu friwlio cîg â chanwylleu o
fefur golwyth, neu wafcu penglogeu 'n
lledfennau mewn gwâfc, a'r holl ddirmyg
erchylla fu 'rioed ar y ddaiar ? nid ydynt
oll ond megis dyfyrrwch wrth un o'r rhain.
Yma fîl can mîl o floeddiadau ac ebychiau
hyllgryg ac ochneidieu cryfion ; *draw* wy-
lofain crôch, ac aruthrol gri 'n eu hatteb,
ac mae udfa cŵn yn bêr fuwfic flafus wrth
y lleifieu yma. Pan aethom ronyn ym-
laen o'r Feifdon felltigedig i wŷllt *Deftryw*,
wrth

wrth eu tân eu hunain canfûm aneirif o
Feibion a Merched yma a thraw ; a Diaw-
liaid heb rifedi ac heb orphwys â'u holl
egni 'n dàl byth iw harteithio ; ac fel y
gwaeddei 'r Diawliaid gan eu poen eu
hunain, gwnaent i'r Damniaid eu hatteb
hyd adre. Deliais fanylach Sulw ar y
cwrr oedd nefa atta 'i : Gwelwn y Diaw-
liaid â phigffyrch yn eu taflu i ddefcyn ar
eu penneu ar hiflanod gwenwynig o bic-
cellau geirwon gwrth fachog, i wingo ger-
fydd eu menyddieu, ymhen ennyd llu-
chient hwy ar eu gilydd yn hunfeydd, i
ben un o'r Creigieu llôfc i roftio fel poeth-
fel. Oddiyno cippid hwy 'mhell i ben un
o fylcheu y rhew a'r Eira tragwyddol : yna
'n ôl i anferth lifeiriant o frwmftan berwe-
dig, iw trochi mewn *llofcfeydd*, a *mygfeydd*,
a *thagfeydd* o ddrewi anaelef ; oddiyno i
Siglen y pryfed i gofleidio *ymlufciaid uffer-
nol*, llawer gwaeth na Seirph a Gwiberod ;
yna cymmerei 'r Cythreuliaid wiail clym-
mog o ddur tanllyd o'r ffwrnes, ac ai cu-
reint oni udent tros yr hôll *Fagddu fawr*,
gan yr anrhaethawl boen echryflawn ; yna
cymereint heirn poethion i ferio 'r archo-
llion gwaedlyd. Dim *llewygu* na *llefmeirio*
nid oes yno, i fommi munyd o *feibiant*,
ond nerth gwaftadol i *ddiodde* ac i *deimlo* ; er
y tebygiti ar ôl un echryflef, nad oedd bof-
fibl fôd fŷth rym i roi un waedd arall mor
hyllgref,

hyllgref, etto byth ni oſtwng eu cyweir, a'r
Diawliaid yn eu hatteb, dyma 'ch croeſo
byth bythoedd. A phettei poſſibl, gwaeth
na'r boen oedd goegni a chwerwder y
diawliaid yn eu *gwawdio,* ac yn eu *gwatwar :*
A pheth oedd waethaf oll, oedd eu *Cydwy-
bod* y rwan wedi cwbl ddeffro, ac yn eu
llarpio hwy 'n waeth na mîl o'r Llewod
uffernol. Ond wrth fynd rhagom ar i
wared bellbell, a *phan bella gwaetha 'r gwer-
th,* yr olwg cynta, gwelwn Garchar ofnadwy
a Dynion lawer iawn tan ſcwrs y Diaw-
liaid yn griddfan yn felltigedig. Pwy yw
rhain oll, ebr fi ? Dyma, eb yr Angel, letty
'r *Gwae fi na baſwn !* Gwae fi na baſwn yn
ymlanhau oddiwrth bob rhyw bechod
mewn pryd ! medd un ; Gwae fi na baſwn
yn credu ac yn edifarhau cyn dyfod yma,
medd y llall. Neſa i gell yr *edifeirwch rhy-
wyr* a'r *dadl wedi barn,* oedd Garchar yr
Oedwyr, a fyddei bôb amſer yn *addo* gwe-
llâu, heb fyth gwplâu. Pan ddarffo hyn
o drafferth, medd un, mi a drô ddalen a-
rall : Pan êl hyn o rwyſtr heibio, mi â
'n Ddyn newydd etto, medd y llall. Ond
pan ddarffo hynny, nid ydys nês, ceir rhyw
rwyſtr arall fyth, a hefyd rhag cychwyn
tu a Phorth Sanéteiddrwydd, ac os cych-
wynid weithieu, ychydig a'u troe 'n ôl.
Neſa i'r rhain, oedd Carchar *y Cam-hyder,*
llawn o rai pan berid iddynt gynt ymadel
a'u

a'u *hanlladrwydd*, neu *feddwdod*, neu *gybydd-
dod*, a ddywedeint, *Mae Duw'n drugarog*, ac
yn well nai air, ac ni ddamnia 'i greadur
fyth am fatter cyn lleied. Ond yma cy-
farth cabledd yr oeddynt, a gofyn p'le mae
'r Drugaredd honno a foſtid ei bod yn an-
feidrol. Tewch gorgwn, ebr cimmwch o
Gythraul mawr oedd yn eu clywed, tewch,
ai trugaredd a fynnechwi, heb wneud dim
at ei chael? A fynnech i'r *Gwirionedd*
wneud ei Air yn Gelwydd, dim ond er
cael cwmnhi fothach mor ffiaidd a chwi?
Ai gormod o drugaredd a wnaed â chwi?
Rhoi i chwi Achubwr, Diddanwr, a'r An-
gylion, a Llyfreu, a Phregetheu, a Siam-
pleu dâ, ac oni thewch chwi a'n crugo ni
bellach wrth ymleferydd am Drugaredd
lle ni bu *hi* 'rioed! Wrth fynd allan o'r
ceubwll tra thambaid hwn, clywn un yn
erthwch ac yn bloeddio 'n greulon, Nis
gwyddwn i ddim gwell; ni *choſtiwyd* dim
wrthifi 'rioed i ddyſcu darllen fy nyled-
ſwydd; ac nid oeddwn i 'n cael mor *ennyd*
chwaith gan ennill bara i mi ac i'm ty-
lwyth tlawd i *ddarllen* nac i *weddio*. Aiè, eb
rhyw ddieflyn gwargam oedd gerllaw, a
gaed dim ennyd i ddywedyd chwedlau
'ſmala? Dim ſegur ymroſtio hirnos Gaia,
pan oeddwn i ynghorn y Simnai, na alleſid
rhoi peth o'r amſer hwnnw at ddyſcu dar-
llen neu weddio? Beth am y *Sulieu*? Pwy
fu

fu 'n dyfod gyda mi i'r Dafarn, yn lle
mynd gyda 'r Perſon i'r Eglwys? Pa ſawl
prydnhawn Sulgwaith a roed i ofer-
ddadwrdd am betheu 'r Byd, neu gyſcu,
yn lle dyſcu myfyrio a gweddio? ac a
wnaethochwi yn ôl a wyddech? Tewch,
Syre, a'ch dwndwr celwyddog. O waed
Ci cynddeiriog, ebr y coll-ddyn, nid oes
fawr er pan oeddit yn ſiſial peth arall yn fy
mhen i! pe dywedaſit hyn y dydd arall,
odid a ddaethwn i yma. O, ebr y Diawl,
nid oes gennym fatter er dywedyd i chwi
'r caſwir *yma*, oblegid nid rhaid uno'n yr
ewch i 'n ôl bellach i ddywedyd chwedlcu.
Tu iſa i'r gell yma, gwelwn ryw gwm
mawr, ac ynddo megis myrdd o Domen-
nydd anferth yn gwrddloſci, ac erbyn ne-
ſau, gwybûm wrth eu hudfa, mai *Dynion*
oeddynt oll, yn frynieu ar eu gilydd, a'r
fflammeu cethin yn cleccian trwyddynt.
Y Pantle yna, eb yr Angel, yw lletty 'r
Gwŷr a ddywedeint wedi gwneud rhyw
fowrddrwg, haro! *nid ſi yw'r cynta, mae i
mi ddigon o gymmeiriaid,* ac felly gweli eu
bod yn cael digon o gymmeiriad, i wirio
'u geirieu, ac i 'chwannegu eu gofid. Gy-
feiryd a hyn 'r oedd Seler fawr lle gwe-
lwn *nyddu* Dynion fel nyddu gwdyn, neu
ſiccio cynfaſeu. Attolwg, ebr fi, pwy y-
dyw y rhain? Dyma 'r *Gwawdwyr*, ebr ef,
ac o Wîr wawd arnynt, mae 'r Diawliaid
yn

yn profi a ellid eu nyddu *hwy* cyn yftwy-
thed a'u *chwedlau.* Is law hyn ronyn, prin
y gwelfom ryw garcharbwll arall tra-
thywyll, ac yno 'r oedd petheu a fafei 'n
Ddynion, â wynebeu fel penneu bleidd-
gwn, hyd at eu cegeu mewn Siglen ; ac
yn cyfarth cabledd a chelwydd yn gyn-
ddeiriog tra caent y colyn allan o'r baw.
Yn hyn dyma gadfa o Gythreuliaid yn dy-
fod heibio, a chyrhaeddodd rhai frathu
deg neu ddeuddeg o'r Diawliaid a'u dygafai
hwynt yno yn eu fodleu. Gwae, Deftryw,
ufferngwn ! ebr un o'r Diawliaid a frathefid,
ac a d'rawodd ar y Siglen onid oeddynt yn
foddi yn eigion y drewi : Pwy a haeddei
Uffern well na chwi, y fyddei 'n hèl ac yn
dyfeifio chwedleu ac yn fibrwd celwydd
o dy i dy i gael chwerthin wedi y gyrrech
yr holl fro benben a'u gilydd ? Beth ychwa-
neg a wnae un o honom ninneu ! Dyma,
eb yr Angel, letty 'r *Athrodwyr*, yr *Enllib-
wyr* a'r *Huftingwyr*, a phôb llyfrgwn cenfi-
gennus a anafant fyth *o'r tu cefn* â dyrnod
neu a thafod. Oddiyno ni aethom heibio
i walfa fawr, ffieiddia 'r a welfwn i etto,
a llawna o bryfed, a hiddigl a drewi.
Dyma, ebr ef, le 'r gwŷr a ddifgwilient
Nêf am fôd yn *ddi-falis* fef, yn ddiddrwg
ddidda. Nefa i'r drewbwll yma, gwelwn
dyrfa fawr yn eu heifte 'n ochain yn greu-
lonach na dim a glywfwn i hyd yn hyn o
                                    Uffern.

Uffern. Ymgroes dda i bawb, ebr fi, be'
fy 'n peri i'r rhain achwyn mwy na nêb,
heb na phoen na chythreul ar eu cyfyl?
O ! eb yr Angel, mae ychwaneg o boen
oddimewn os oes llai o'r *tu allan : Hereticiaid*
gwrthnyfig, a rhai *annuw*, a llawer o rai
anghrift, ac o'r *bydol-ddoethion*, Gwadwyr y
ffydd, erlidwyr yr Eglwys, a myrdd o'r cy-
fryw fy yma, wedi eu gadel yn hollawl i
chwerwddycnach gôfp y *Gydwybod*, fy 'n
cael ei chyflawn rŵyfc arnynt yn ddibaid
ddirwyftr. Ni chymrai bellach, medd *hi*,
mo'm boddi mewn cwrw, na'm dallu â
gwobrau, na'm byddaru â cherdd ac â
chwmnhi, na'm fuo, na'm fynnu â fyrthni
anyftyriol ; eithr mynnaf fy nghlywed
bellach, ac bŷth ni thyrr clep y *cafwir* yn
eich cluftieu. Mae 'r *Wllys* yn codi blŷs y
Gwynfyd a gollwyd, a'r *Cô* 'n edliw haw-
fed fafei ei gael, a'r *Dealltwriaeth* yn dangos
faint y golled, a ficcred yw na cheir bellach
ddim ond yr anrhaethawl gnofa byth by-
thoedd : Ac felly â'r tri hyn y mae 'r *Gy-
dwybod* yn eu rhwygo 'n waeth nac y gallei
holl Ddiawliaid Uffern. A mi 'n dyfod
allan o'r gilfach ryfeddol honno, mi glywn
gryn fiarad, ac am bôb gair y fâth hyll
grechwen a phedfafei yno bumcant o'r Cy-
threuliaid ar fwrw eu cyrn gan chwerthin :
Ond erbyn i mi gael nefau i weled yr am-
heuthun mawr o *wenu* yn Uffern, beth y
doedd

doedd ond dau o bendefigion newydd ddy-
fod yn dadleu am gael parch dyledus iw
bonedd, ac nid oedd y llawenydd ond digio
'r gwŷr boneddigion. Palff o '*Scweir* a
chanddo drolyn mawr o femrwn ſef ei
gart acheu,ac yno 'n datcan o ba ſawl un o'r
pymthegllwyth Gwynedd y tarddaſei ef :
Pa ſawl *Uſtus o heddwch,* a pha ſawl *Siri* a
faſei o'i dŷ ef. Hai, hai, ebr un o'r Diaw-
liaid, ni wyddom haeddiant y rhan fwya
o'ch hynafiaid chwi : pedfaſechwi tebyg
i'ch Tâd neu i'ch Gorhendaid, ni feiddia-
ſem ni mo'ch cyffwrdd. Ond nid ŷchwi
ond aer y Fagddu, fflamgi brwnt, prin y
teli roi i ti letty noſwaith, ebr ef, ac etto
ti a gei ryw gilfach i aros dydd ; a chyda 'r
gair, dyma 'r Ellyll yſcethrin â'i bigfforch
yn rhoi iddo wedi deg tro ar hugain yn yr
Wybr danbaid, onid oedd e 'n deſcyn i
geudwll allan o'r golwg. Mae hynny 'n
abl, ebr y llall, i *Scweir* o hanner gwaed ;
ond gobeithio y byddwch well eich moes
wrth *Farchog,* a fu 'n gwaſanethu 'r Brenin
fy hun, a deuddeg o Ieirll, a deg a deugain
o Farchogion a fedra 'i henwi om hên Stent
fy hun. Os eich hynafiaid a'ch hên Stent
yw 'r cwbl ſy gennych iw ddadleu gellwch
witheu gychwyn yr un ffordd, ebr un o'r
Diawliaid. Oblegid nid ym ni 'n cofio
odid o hên Stât fawr, nad rhyw Orthrym-
mwr, neu Fwrdriwr, neu Garnlleidr a'i de-
chreuodd ;

chreuodd ; a'i gadel i rai cyn drawfed a
hwytheu, neu i bembyliaid fegurllyd, neu
fôch meddwon. Ac i faentumio 'r mawredd
afradlon, rhaid gwafcu 'r *Deiliaid* a'r *Te-
nantiaid* ; os bydd *yno* nac Ebol tlŵs, na
Buwch foddgar, rhaid i Meiftres eu cael
rhag *blys :* A da os dianc y Merched, iè, a'r
Gwragedd rhag blŷs y Meiftr. A'r mân
uchelwyr o'u hamgylch, rhaid i'r rheiny
naill ai eu hofer-ganlyn, ai mechnio tro-
ftynt iw hanrheithio 'u hunain a'u heiddo,
ai gwerthu eu treftadaeth, neu ddifgwyl
câs a chilwg, a'u llurgynio i bôb oferfwydd
yn eu byw. O ! fon'ddigeiddied y tyn-
gant i gael eu coelio gan eu *Cariadeu*, neu
gan eu *Siopwyr !* a chwedi ymwychu, oh
goegced yr edrychant ar lawer o gryn Swy-
ddogion gwledig ac Eglwyfig, chwaethach
ar y bobl gyffredin ! fel pettei rheiny ryw
bryfed wrthynt hwy. Gwae finneu ! ai
nid unlliw pôb gwaed ? Ai nid yr un ffordd
rhwng y trwnc a'r baw y daethochwi i gyd
allan ? Er hyn oll trwy'ch cennad, ebr y
Marchog, mae ymbell enedigaeth yn llawer
purach na'r llall. I'r Deftryw mawr oes
blifcyn o honoch oll well na'u gilydd, ebr
y dieflyn : 'rŷch i gyd oll wedi 'ch diwyno
à *phechod gwreiddiol* oddiwrth *Adda.* Ond
Syr, ebr ef, os yw'ch gwaed chwi 'n *well*
na gwaed arall, bydd ynddo lai o fcum
wrth ferwi, trwochwi 'n y man, ac os oes
                                    rhagor,

rhagor, mynnwn chwilio pôb rhann o ho-
noch trwy ddw'r a thân.　Ar y gair, dyma
Ddiawl ar lun cerbyd tanllyd yn ei dder-
byn, a'r llall o wawd yn ei godi ef iddo,
ac ymaith ac ynte fel mellten.　Ymhen en-
nyd, parodd yr Angel i mi edrych, a gwe-
lwn y Marchog druan yn cael ei drwytho
'n erchyll mewn anferthol ffwrnes ferwe-
dig, gyda *Chain, Nimrod, Efau, Tarquin, Nero,
Caligula*, a'r lleill a ddechreuodd ddwyn
acheu, a chodi *arfeu bonedd*.　Encyd ym-
laen parodd fy nhwyfog i mi fpio trwy
dollgraig, ac yno gwelwn dyrfa o *Furfennod*
yn ymfionci, yn gwneud ac yn dad-wneud
eu holl ffoledd ar y ddaiar gynt ; rhai 'n
min-grynny, rhai â heirn yn tynnu eu
haelieu, rhai 'n ymiro, rhai 'n clyttio 'u
hwynebeu ac yfmottieu duon i wneud i'r
melyn edrych yn wynnach ; rhai 'n ceifio
torri 'r drŷch, a chwedi 'r holl boen, yn
ymliwio ac yn ymfritho wrth weled eu
hwynebe 'n wrthunach na'r cythreuliaid,
a rwygent â'u 'winedd a'u dannedd yr holl
wrîd gofod, a'r yfmottieu, a'r crwyn, a'r
cîg tan un ; ac a oerleifient allan o fâth.
Y felltith fawr, meddei un, i Nhâd a
wnaeth i mi briodi hên gelffaint yn eneth,
gwaith hwnnw 'n codi blŷs heb allu mo'i
dorri a'm gyrrodd i yma.　Mîl o felltithion
ar fy Rhieni, meddei 'r llall, am fy ngyrru
i'r *Fonachlog* i ddyfcu diweirdeb ; ni fafei
　　　　　　　　　　　　　　　waeth

waeth iddynt fy ngyrru at *Rowndiad* i ddyf-
cu bod yn *hael*, neu at *Gwacer* i ddyfcu
bod yn *foefol*, na'm gyrru at *Bapiſt* i ddyfcu
oneſtrwydd. Y Deſtryw gwyllt, ebr un arall,
a ddycco fy Mamm am ei balchder cyby-
ddus yn rhwyſtro i mi gael gŵr wrth fy
rhaid, ac felly gwneud i mi ledratta 'r peth
a allaſwn ei gael yn oneſt. Uffern, a dwbl
Uffern i'r Tarw cynddeiriog o Wr bonhe-
ddig a ddechreuodd gynta fy hudo i, me-
ddei 'r drydedd, oni baſei i hwnnw rhwng
têg a hagr dorri 'r cae, nid aethwn i 'n
gell egored i bawb, ac ni ddaethwn i'r
gell gythreulig yma ! ac yna ymrwygo eil-
waith. Ond eraill wedi ymbobi aent o
dwll i dwll tan gynheigca, a thynnent y
Diawliaid rhwng eu traed, weithieu ffoe
rheiny rhagddynt, ac weithieu rhoent i-
ddynt dân at dân, cynnient hwy ag ebilli-
on o ddur gwynias oni chaent ddigon o
ymrygnu a'u perfedd yn sîo ac yn ffrîo.
Yr oedd yn rhyhwyr genni ymadel a
ffiaidd ganel y geiſt cynhaig. Ond cyn
mynd nemor ymlaen, bu ryfedd genni we-
led carcharlwyth arall o Ferched dau ffiei-
ddiach na hwytheu. Rhai wedi mynd yn
llyffaint, rhai 'n Ddreigieu, rhai 'n Seirph
yn nofio ac yn chwibianu, yn glafoerio ac
yn ymdolcio mewn merbwll drewllyd,
mwy o lawer na *Llynn-Tegid*. Attolwg,
ebr fi, beth boſſibl i'r rhain fod ? Mae
yma, ebr ynte, bedair rhywogaeth *beni-*
gamp

gamp o Ferched, heb law eu cynffonion :
1. *Carn-butteiniaid*, a fu'n cadw mân fu-
drogod tanynt, i gael gwerthu 'r un mor-
wyndod ganwaith ; a rhai o'r Putteiniaid
pennaf yma o'u hamgylch. 2. *Meiſtreſod
y chwedleu*, ac o'u cwmpas fyrdd o wrachod
y newyddion. 3. *Marchogeſau*, a phacc o
lyfrgwn llechwrus o'u deutu, canys nid âi
ddyn erioed ar eu cyfyl ond rhag eu hofn.
4. *Yſcowliaid*, wedi mynd yn gan erchyllach
na Nadroedd yn cnoi fyth dy-rinc, dy-rinc
au colyn gwenwynig. Tygaſwn fod *Lu-
cifer* yn weddeiddiach Brenin, na rhoi
Gwraig fonheddig o'm gradd i gyda 'r mân
ddiawleſod hyn, ebr un, ſyrn debyg, ond
ei bod hi 'n llawer gerwinach na *Sarph he-
degog*. Oh ! na yrrei fo yma ſeithgant o'r
Diawliaid dihira 'n Uffern yn gyfnewid am
danati uffernbry g'wenwynig, meddei ryw
Wiber wrthun arall ! O, diolch i chwi 'n
fawr, ebr un Cawr o Gythreul oedd yn cly-
wed, 'rŷm ni 'n cyfri 'n lle a'n haeddiant
yn beth gwell : Er y poenech chwi bawb
cynddrwg a ninneu er hynny ni chollwn i
etto mo'n Swydd i chwi. Ac hefyd, eb yr
Angel yn ddiſtaw, mae achos arall i *Lucifer*
roi cadwraeth ddichlin ar y rhain, rhag
iddynt os torrant allan yrru holl Uffern
bendramwnwgl. Oddiyma, ni aethom ar
i wared fyth, lle gwelais Ogo anferthol, ac
ynddi 'r fâth ddrygnad echrys na chlyw-

ſwn

ſwn i etto mo'i gyffelyb, gan dyngu, a rhe-
gu, a chablu, ac ymddanheddu, ac ochain, a
gwaeddi. Pwy ſy yma, ebr fi? Dyma, ebr ef,
Ogo 'r *Lladron* ; yma mae myrdd o *Ffore-
ſtwyr*, *Cyfreithwyr*, *Stiwardiaid*, a'r hên *Suddas*
yn eu myſc ; a blin iawn oedd arnynt we-
led y ffardial *Daelwriaid* a'r *Gwehyddion*
uwch eu llaw ar ſcafell eſmwythach. Prin
y cawſwn ymdroi, nad dyma Geffyl o
Ddiawl yn dwyn *Phyſygwr* a *Photecari*, ac
yn eu taflu ymŷſc y *Pedleriaid* a'r *Hwndlwyr*
ceffyleu am werthu wâr ddrŵg *fethedig* :
Ond dechreuaſant rwgnach eu goſod mewn
cwmpeini mor wael. Arhowch, arhowch,
ebr un o'r Diawliaid, chwi haeddech le
amgenach, ac a'u taflodd hwy i wared i
blith y *Cwncwerwyr* a'r *Mwrdrwyr*. Yr oedd
yma fyrdd i mewn am chwareu *Diſieu ffeil-
ſion*, a *chuddio Cardieu :* ond cyn i mi gael
dàl fawr ſulw, clywn yn ymyl y drws an-
ferth drwp a thrŵſt, a gyrru *hai*, *hai*, *hai-
ptrw-how*, *ho*, *ho-o-o-o-hwp.* Trois i edrych
beth oedd ; methu canfod dim ond yr
Ellyllon corniog. Gofynnais i'm Twyſog
ai *Cwcwaldiaid* oedd gyda 'r Diawliaid ?
Nage, ebr ef, mae y rheiny mewn cell a-
rall, *Porthmyn* yw y rhain, a fynnei ddianc
i le Torrwyr y Sabbath, ac a yrrir yma o'u
hanfodd ; gyda 'r gair, edrychais a gwelwn
eu penglogeu 'n llawn o *gyrn Defed* a
Gwartheg, a dyma 'r Gyrrwyr yn eu taflu
                                                    hwy

hwy i lawr tan draed yr Yſpeilwyr gwaed-
lyd ; llechwch yna, ebr un, er maint yr
ofnechi ladron ar *ffordd Llundain* gynt, etto
nid oeddechwi ond y fâth waetha o *ladron
ffordd-fawr* eich *hunain*, yn byw ar y *ffordd* ac
ar *ledrad*, iè, ac ar *ladd* Teuluoedd tlodion,
wrth ddàl llawer o gegeu newynllyd yn
egored i ddiſgwyl eu heiddo 'u hunain
iw porthi, a chwithe 'n y *Werddon* neu yn
y *King's-Bench* yn chwerthin am eu penneu,
neu ar y ffordd yn eich Gwîn a'ch Puttei-
niaid. Wrth ymadel a'r Ogo greiſionboeth,
cês olwg ar y Walfa benna, ond un a we-
lais i yn Uffern am echryſlawn ffieidd-dra
drewedig, lle 'r oedd cenfaint o fôch *medd-
won* melltigedig yn chwydu ac yn llyncu,
yn llyncu ac yn chwydy llyſnafedd erchyll
fyth heb orphwys.   Y twyll neſa oedd
letty 'r *Glothineb*, lle 'r oedd *Difes* ai gym-
meiriaid ar eu torreu 'n bwytta baw a thân
bob yn ail fyth heb ddim gwlybwr.
Ddant neu ddau 'n îs, yr oedd Cegin rôſt
helaeth iawn, a rhai 'n rhôſt ac yn ferw,
eraill yn ffrio ac yn fflammio mewn Simnai
fyrn dambaid : Dyma le 'r *Anrhugarog* a'r
Anheimladwy, eb yr Angel ; a throes dip-
pyn ar y llaw aſſwy, lle 'r oedd cell oleuach
nac a welſwn i etto yn Uffern : Gofynnais
p'le ydoedd ? Trigfa'r *Dreigieu uffernol*, eb
yr Angel, ſy 'n chwyrnu ac yn ymchwer-
wi, yn rhuthro ac yn anrheithio 'u gilydd

I

bob

bob munyd. Mi neſſeais, ac och o'r olwg
anrhaethadwy oedd arnynt, y tân byw yn
eu llygaid oedd y goleuni oll : Hil *Adda*
yw rhain, ebr fy nhwyſog, yn *Yſcowliaid*,
a *Gwyr digllon* cynddeiriog : Ond d'accw,
ebr ef, rai o hen ſil y Ddraig fawr *Lucifer :*
ac yn wîr, ni wyddwn i ddim rhagor
hawddgarwch rhwng y naill a'r llall. Y
Seler neſa 'r oedd y *Cybyddion* mewn dir-
boen echrys, gerfydd eu calonne 'nglŷn
wrth giftieu o arian tanllyd, a rhŵd y
rheiny 'n eu hyſu fyth heb ddiwedd, me-
gis na feddyliaſent hwytheu am ddiwedd
fyth yn eu caſclu : ac yrwan ymddryllio
'r oeddid yn waeth na chynddeiriog, gan
ofid ac edifeirwch. Is law hyn, yr oedd
bachell ſwrth lle 'r oedd rhai o'r *Potecariaid*
wedu eu malu a'u gwthio i bottieu pri-
ddion mewn *album Græcum*, a baw Gwy-
ddeu a Môch, a llawer ennaint hendrwm.
Ymlaen ar i wared fyth yr oeddem ni 'n
teithio hyd y Gwŷllt diniſtriol, trwy
aneirif o arteithiau anrhaethol a thragwy-
ddol, o Gell i Gell, o Seler i Seler, a'r ola
fyth yn rhagori ar y lleill o erchylldod
anferth : o'r diwedd i olwg *Cyntedd* dirfawr
anhirionach fyth na dim o'r blaen. Cyn-
tedd trahelaeth ydoedd a hyllſerth, a
gŵg ei redfa at ryw *gongl* ddugoch anghre-
dadwy o wrthuni ac erchylltod, yno 'r
oedd y *Brenhinllys*. Ymhen ucha 'r bren-
hingwrt

hingwrt melltigedig,   ymyſc miloedd o
erchyllion eraill wrth lewyrch fy nghydy-
maith, gwelwn yn y fagddu *ddau droed* an-
ferthol o anferthol o faint ! yn cyrraedd i
doi 'r holl Ffurfafen uffernol. Gofynnais
i'm Twyſog beth allei 'r anferth hwnnw
fod. Wel', ebr yntef, ti a gei helaethach
golygiad ar yr *Anghenfil* yna wrth ddy-
chwelyd : Ond tyred ymlaen yrwan i
weled y Brenhinllys. A ni 'n mynd i
wared hyd y cyntedd ofnadwy, clywem
drŵſt o'n hôl, megis llawer iawn o bobl ;
wedi i ni oſcoi iw gollwng hwy ymlaen,
gwelwn bedwar llu neilltuol, ac erbyn
ymorol pedair Twyſoges y *Ddinas ddyhe-
nydd* oedd yn dwyn eu deiliaid yn anrheg
iw Tâd. Mi adnabûm lû y Dwyſoges
Balchder, nid yn unic am eu bôd yn mynnu
'r *blaen* ar y lleill, ond hefyd wrth eu
gwaith yn pendwmpian bob yn awr eiſieu
edrych tan eu traed : Yr oedd gan *hon*
fyrdd o Frenhinoedd, Pennaethiaid, Gwŷr
llŷs, Bonheddigion a Ffroſtwyr, a llawer
o *Gwaceriaid*, a Merched aneirif o bôb
gradd. Y neſa oedd y Dwyſoges *Elw*, a'i
llu henffel iſelgraff, a llawer iawn o hîl
Sion lygad arian, *Llogwyr*, *Cyfreithwyr*, *Crib-
ddeilwyr Goruwchwilwyr*, *Fforeſtwyr*, *Puttei-
niaid* a rhai *Eglwyſwyr*. Neſa i hynny
oedd y Dwyſoges fwyn, *Pleſer* a'i Merch
Ffôlineb, yn arwain ei deiliaid, yn *chwa-
reyddion*

reyddion Difieu, Cardieu, towlbwrdd Ca-
ftieu hûg, yn *brydyddion, cerddorion, hen-
chwedleiwyr,* meddwon, Merched *mwynion,
mafweddwyr, teganwyr,* a mil fyrddiwn o
bôb rhyw deganeu, i fod weithian yn
beirianneu penyd i'r ynfydion colledig. Wedi
i'r tair hyn fyned a'u carcharorion i'r Llŷs
i dderbyn eu barn, dyma *Ragrith* yn olaf
oll, yn arwain cadfa luofoccach na'r un o'r
lleill, o bob cenedl ac oed, o Dre a Gwlâd,
Bonheddig a Gwrêng, Meibion a Mer-
ched, ynghynffon y llu dau-wynebog, nin-
neu aethom i olwg y Llŷs trwy lawer o
Ddreigieu, ac Ellyllon corniog, ac o Gawri
Annwn, Porthorion duon y *Fall-gyrch ei-
rias,* a minne 'n llechu 'n ofalus iawn yn
fy llen-gêl, ni aethom i mewn i'r Adail
erchyll, aruthrol a thra aruthrol o erwin-
deb oedd bob cwrr, y murieu oedd anfad
Greigieu o Ddiemwnt eirias, y llawr yn
un galleftr gyllellog anoddef, y pen o
Ddur tanllyd yn ymgyfwrdd fel bwa maen
o fflammau gwyrddlas a dugoch, yn de-
byg ond ei faint ai boethder i ryw anferth
Bobty cwmpafog erchyll. Gyferbyn a'r
drŵs, ar Orfeddfainc fflamllyd, yr oedd y
Fall fawr a'i brif angylion colledig o'u
ddeutu, ar feincieu o dân tra echryflawn
yn eifte 'n ôl eu graddeu gynt yn Gwlâd
y goleuni, yn genawon *hawddgar*, ni
waeth i ti hynny nac ofer-bregeth i gei-
fio

fio datcan mor yfceler yfcethrin oeddynt;
a pha hwya yr edrychwn ar un o honynt,
faith erchyllach fyth. Yn y canol, uwch-
ben *Lucifer*, yr oedd *Dwrn* mawr yn dàl
bôllt tra ofnadwy. Y Tywyfogefau wedi
gwneud eu moes a ddychwelafant i'r Byd
at eu Siars yn ddiymaros. A phan gynta 'r
ymadawfant dyma Gawr o Ddiawl ceghir
ar amnaid y Brenhin yn rhoi bonllef uwch
na chan ergyd o Ganon, cufuwch pe pof-
fibl, a'r Udcorn ddiweddaf, i gyhoeddi 'r
Parliament uffernol; ac yn ebrwydd, dy-
ma giwed Annwn wedi llenwi 'r Llys ar
cyntedd ymhob *llun*, yn ol delw a chyffely-
biaeth y *pechod penna* 'r y garei pob un i
wthio ar ddynion. Wedi gorchymmyn
gofteg, dechreuodd *Lucifer*, a'i olwg ar y
Pennaethiaid nefa atto, lefaru 'n rafufol
fel hyn : chychwi Bennaethiaid Annwn,
Twlogion *Fagddu Anobaith !* Os collafom
y meddiant lle buom gynt yn difcleirio
hyd Teyrnafoedd gwynion *Uchelder*, er
maint, etto gwŷch oedd ein cwymp ni,
nid oeddem ni 'n bwrw am ddim llai na'r
cwbl; ac ni chollafom mo'r cwbl chwaith,
canys wele Wledydd helaeth a dyfnion
hyd eitha Gwylltoedd *Deftryw* fawr, tan ein
rheolaeth ni etto. Gwir yw, mewn dir-
boen anaelef yr ŷm ni 'n teyrnafu, etto
gwell gan yfprydion o'n uchder ni *deyrnafu*
mewn penyd na *gwafanaethu* mewn efmwy-
thyd.

thyd. Ac heblaw *hwn*, dyma ni agos ac
ennill Byd *arall*, mae mwy na phum rhann
o'r *Ddaiar* tan fy maner i er's talm. Ac er
darfod i'r Gelyn hollalluog yrru ei Fab ei
hun i farw troftynt, etto 'r wyfi wrth fy
nheganeu yn mynnu dêg enaid am un a
gaffo fo gyda 'i Fâb croefhoeliedig. Ac er
na chyrraeddwn i gyffwrdd Ef yn y Goru-
chafon, fy 'n ergydio 'r taraneu anorchfy-
gol ; etto melys yw dial *rywffordd :* Gor-
phenwn inneu ddifa 'r gweddill fy o Ddy-
nion yn ffafr ein Deftrywiwr ni. Mae 'n
gôf genni 'r amfer y parafoch iddynt lofci
yn fyddinoedd, ac yn ddinafoedd, iè, i
Ddaiarlwyth cyfan ddefcyn trwy 'r Dw'r,
attom ni i'r tân. Ond yrwan er nad yw'ch
nerth a'ch *creulonder* naturiol ronyn llai etto,
rŷchwi wedi rhyw ddiogi : Ac oni bai
hynny gallafem fod er's talm wedi difa'r
ychydig rai duwiol, ac wedi ynnill y
Ddaiar i fod yn un â'r Llywodraeth fawr
yma. Ond gwybyddwch hyn, weinido-
gion duon fy nigofaint, oni byddwch gle-
wach a phryfurach weithian a byrred yw 'n
amfer ni, myn *Annwn* a *Deftryw*, ac myn y
Fagddu fawr dragwyddol, cewch brofi pwys
fy llid arnoch eich hunain yn gyntaf, mewn
poeneu newyddion a dieithrol i'r hyna o
honoch, ac ar hyn fe guchiodd oni chwmy-
lodd y Llŷs yn faith dduach nac o'r blaen.
Yn hyn cododd *Moloc* un o'r Pennaethiaid
cythreulig,

cythreulig, ac wedi gwneud i foes i'r Bre-
nin, ebr ef, O Empriwr yr Awyr, Rheolwr
mawr y Tywyllwch, nid amheuodd neb eri-
oed fy 'wllys i at eitha malis a chreulon-
der, canys dyna mhlefer i 'rioed : Odiaeth
oedd genni glywed plant yn trengu yn y
tân, megis gynt pan aberthid hwy i mi tu
allan i *Gaerfalem.* Hefyd wedi i'r Gelyn
croefhoeliedig ddychwel i'r Uchelder, mi
a fûm yn amfer dêg o Ymerodron yn
lladd ac yn llofci ei ddilynwyr ef, i geifio
difa 'r *Crift'nogion* oddiar wyneb y ddaiar,
tra thycciodd i mi. Gwneuthum ym
Mharis ac yn *Lloegr* ac amryw fanneu eraill
lawer lladdfa fawr o honynt wedi hynny :
Ond beth ydys nês ? tyfu a wnai 'r Pren
pan dorrid ei geincieu : Nid yw hyn oll
ond dangos dannedd heb allu mor bra-
thu. Pfhaw, ebr *Lucifer*, baw i'r fâth
luoedd digalon a chwi, ni hydera 'i arno-
chwi mwy. Mi wna 'r gwaith fy hun,
ac a fynna'r orcheft yn ddi-rann : Af
i'r Ddaiar yn fy mherfon brenhinol fy
hun, ac a lyncaf y cwbl oll, ni cheir
dyn ar y ddaiar i addoli 'r Goruchaf
mwy : ac ar hyn fe roes hedlam cyn-
ddeiriog i gychwyn, yn un ffurfafen o
dân byw. Ond dyma 'r *Dwrn* uwch ei
ben yn gwyntio 'r *fôllt* ofnadwy onid
oedd e 'n crynu 'nghanol ei gyndda-
redd, a chyn i fynd e'neppell llufcodd
                                    llaw

llaw anweledig y Cadno yn ei ôl heb
waetha 'i ên gerfydd ei gadwyn : ac
ynte'n ymgynddeiriogi 'n faith pellach,
a 'u lygaid yn waeth na dreigieu, mŵg
dudew oi ffroeneu, tân gwyrddlas oi gêg
a'i berfeddeu, gan gnoi ei gadwyn yn ei
ofid, a fibrwd cabledd echryflawn, a
rhegfeydd tra arfwydus. Ond wrth we-
led ofered oedd geifio'i thorri neu ym-
dynnu a'r Hollalluog, fe aeth iw le, ac
ymlaen yn ei ymadrodd beth gwareiddi-
ach, etto 'n ddau mileiniach. Er na
threchei neb ond y Taranwr Hollalluog
fy nerth i am dichell ; etto gan fod yng-
orfod ymoftwng i *hwnnw* heb y gwaetha ;
Nid oes gennif mo'r help, ond mi a gâ
fwrw fy llîd yn îs ac yn nês attaf, ai dy-
wallt yn gafodydd ar y rhai fy eufys tan-
fy maner i, ac ynghyrraedd fynghadwyn.
Codwchwitheu Swyddogion Deftryw,
Rheolwyr y tân anniffoddadwy, ac fel y
bo fy llîd a'm gwenwym i yn llenwi, a'm
malis yn berwi allan tenwch chwitheu'r
cwbl oll yn ddichlin rhwng y Damniaid,
ac yn benna'r *Criftnogion* ; cymmellwch
y peirianneu penyd hyd yr eithaf, dyfei-
fiwch, dyblwch y tân a 'r berw oni bo 'r
peirie 'n codi'n damchweydd tros eu pen-
neu, a phan fônt mewn eitha poen anrha-
ethawl

ethawl yna gwawdiwch, gwatwerwch
hwynt, ac edliwiwch, a phan ddarffo i
chwi'r cwbl a fedroch o ddirmyg a chwer-
wder bryffiwch attafi a chewch ychwa-
neg. Bafei gryn *ddiſtawrwydd* yn Uffern
er's ennyd, a 'r poene 'n hyder creulonach
wrth eu cadw i mewn. Ond yrwan tor-
rodd yr Oſteg a barafei *Lucifer*, pan re-
dodd y Cigyddion erchyll fel Eirth newyn-
llyd cynddeiriog ar eu carcharorion, yna
cododd y fâth och, och, och! a 'r fâth
wae ac *udfa gyffredin*, mwy na sŵn lif-
ddyfroedd neu dwrw daiargryn, onid aeth
Uffern yn faith erchyllach.   Minneu a
lewygafwn oni bafei i' m hanwyl Gyfaill
fy achub, cymmer ebr ef, lawer yrawron
i'th nerthu i weled petheu garwach etto
na rhain.   Ond prin y daethei'r gair o'i
eneu ef, pan wele'r Nefol *Gyfiawnder* fy
uwch ben y *Geulan* yn cadw drŵs Uffern,
yn dyfod tan fcwrfio tri o ddynion â gwi-
ail o fcorpionau tanllyd.   Ha, ha ! ebr *Lu-
cifer*, dyma drywyr parchedig, y teilyng-
odd *Cyfiawnder* ei hun eu hebrwng i'm
Teyrnas i ; Och fi fyth, ebr un o'r tri,
pwy oedd yn ceifio ganddo ymboeni ?
Ni waeth er hynny ebr *ynte*, (â golwg a
wnaeth i 'r Diawliaid ddelwi a chrynu o-
nid oeddynt yn curo'n eu gilydd) wllys y

Creawdr

Creawdr mawr oedd i mi fy hun ddan-
fon y fâth Fwrdrwyr melltigedig iw car-
tre. Syre, ebr ef, wrth un o'r Cythreu-
liaid, egorwch i mi ffollt y Mwrdwr lle
mae *Cain, Nero, Bradſhaw, Boner* ac *Ig-
natius* ac aneirif eraill o'r cyffelyb. Och,
och ! ni laddaſom ni neb, ebr un ; Diolch
i chwi, eiſieu cael amſer, am ddarfod eich
rhwyſtro, ebr *Cyfiawnder.* Pan egorwyd
yr Ogo, daeth allan y fâth damchwa echrys
o fflammeu gwaedlyd, a'r fâth waedd a
phettei fil o Ddreigieu 'n rhoi 'r ebwch
ola wrth drengu. Ac wrth i *Gyfiawnder*
fynd heibio 'n ôl, a'r hanner tro fe chwy-
thodd y fâth dymmeſtl o Gorwyntoedd
tanllyd ar y Fall fawr ai holl Bennaethiaid,
oni chippiwyd ymaith *Lucifer,* yna *Belze-
bub, Satan, Moloc, Abadon, Aſmodai, Da-
gon, Apollyon, Belphegor, Mephoſtophiles*
a'r holl brif-gythreuliaid eraill, ac a'u
pendifadwyd oll i ryw Sugn-dwll can
ffeiddiach ac erchyllach ei olwg a'i archfa
ofnadwy na dim oll a'r a welſwn i, a
hwnnw'n cau ac yn egoryd ynghanol y
Llŷs. Ond cyn i mi gael gofyn ; Dyma,
eb yr angel, *Dwll* ſy'n deſcyn i Fyd mawr
arall. Beth ebr fi ertolwg y gelwir y
Byd hwnnw ? Fo'i gelwir ebr ef *Annwn*
neu *Ufferneitha*, cartre 'r Cythreuliaid,

ac

ac lle 'r aethant yr awron : A'r holl *Wyll-
toedd* mawrion y daethofti tros beth o ho-
nynt, a elwir *Gwlâd yr Anobaith*, lle a
drefnwyd i Ddynion damnedig hyd
Ddyddfarn, ac *yna* fe fyrth hon yn un a'r
Uffern eitha ddiwaelod.   Yna daw un o
honom ninneu ac a gau ar y *Diawliaid* a'r
Damniaid ynghŷd, ac byth yn dragywydd
ni egorir arnynt mwy.   Ond yn y cyfam-
fer maent yn cael cynnwyfiad i ddyfod i'r
Wlad oerach yma i boeni'r eneidieu colle-
dig.   Ie maent yn fynych yn cael cennad
i fynd i'r Awyr ac o gwmpas y ddaiar i
demtio dynion i'r ffyrdd diniftriol fy 'n
tywys i'r diadlam Garchar tra fcethrin
hwn.   Ynghanol hyn o hanes, â mi 'n
fynnu fod *Cêg Annwn* yn rhagori cym-
maint ar *Safn Uffern ucha*, mi glywn dra-
mawr drŵft arfeu ac ergydion geirwon
o un cwrr, ac megis taraneu crôch yn eu
hatteb o'r cwrr arall, a'r Creigieu angheu-
ol yn diasbedan.   Dyma sŵn rhyfel, ebr
fi, os bydd rhyfel yn Uffern.   Bydd ebr
ef, ac nid poffibl fod yma ond rhyfel gwa-
ftadol.   A ni 'n cychwyn allan i edrych
beth oedd ymatter, gwelwn Gêg Anw'n
yn ymagor, ac yn bwrw fynu filoedd o
ganhwylleu gwyrdd-hyllion y rhain oedd
Lucifer a'i Bennaethiaid wedi gorfod y
                              dymmeftl.

dymmeftl. Ond pan glybu e'r trŵft Rhy-
fel, fe aeth yn lafach nac Angeu, ac a dde-
chreuodd alw a hèl byddinoedd o'i hên Saw-
dwyr profedig i oftegu'r cythryfwl ; yn
hynny dyma fe 'n taro wrth gorgi o ddie-
flyn bâch, a ddianghafei rhwng traed y
rhyfelwyr : Beth yw'r matter, ebr y Bre-
nin ? Y fâth fatter ac a berygla eich co-
ron, oni edrychwch attoch eich hun ———
ynghynffon hwn dyma redegwas cythreu-
lig arall yn crugleifio, 'r ŷchwi 'n dyfeifio
aflonyddwch i eraill, edrychwch weithian at
eich llonydd eich hun ; daccw'r *Tyrciaid*, y
Papiftiaid a'r *Rowndieid* llofruddiog, yn dair
byddin yn llenwi holl waftadedd y *Fag-
ddu*, ac yn gwneud y mawrddrygeu 'n
gyrru pôb pêth dinbenftrellach. Pa fodd y
daethant allan, ebr y Fall fawr, tan edrych
yn waeth na *Demigorgon ?* Y Papiftiaid
ebr y gennad ni wn i pa fodd, a dorrafant
allan o'u *Purdan*, ac yna o achos hen lîd
aethant i ddifachio ceuddrws *Paradwys Ma-
homet*, a gollyngafant y *Tyrciaid* allan o'u
carchar, ac wedi yn y Cythryfwl caed
rhyw ffael i hîl *Cromwel* dorri allan o'u
celloedd. Yna troes *Lucifer* ac a edry-
chodd tan ei Orfeddfainc lle 'r oedd yr
holl Frenhinoedd colledig, ac a barodd
gadw *Cromwel* ei hun yn ei ganel, a
hefyd holl *Ymerodron* y *Tyrciaid* yn ddio-
gel. Felly hyd wylltoedd duon y Ty-
wyllwch

wyllwch pryfurodd *Lucîfer* a'i luoedd, a
phawb yn cael *goleu* a *gwrês* ar ei gôſt ei
hun, wrth yr anferth drŵſt cyfeiriodd yn
lew tu ac attynt; yna gorchmynwyd *goſteg*
yn enw 'r Brenin, a goſynnodd *Lucifer*,
beth yw achos y Cythryfwl yma yn fy
Nheyrnas i? Rhyngai fodd i'ch Mawrhy-
di uffernol, ebr *Mahomet*, dadl a ddechreu-
odd rhyngofi a'r Pâp *Leo* p'run a wnaethei i
chwi fwya o waſanaeth ai f' *Alcoran* i, ai
crefydd *Rufein*: ac yn hynny, ebr ef dyma
yrr o *Rowndieid* wedi torri eu carchar yn y
trŵſt, ac yn taro i mewn hwytheu, gan
daeru 'r haeddei eu *Lêg* a'u *Cofenant* fwy
parch ar eich llaw nac yr un: felly o *ym-
daeru* i *ymdaro* o *eirieu* i *arfeu*. Ond wei-
thian gan i'ch Mawrhydi ddychwelyd o
Annwn, Mi a rôf y matter arnochwich Hu-
nan. Arhowch, ni ddarfu i ni â chwi
felly ebr Pâp *Julius*, ac atti hi winedd a
dannedd eilwaith yn gynddeiriog, onid
oedd yr ergydion megis daiargryn, a'r tair
byddin Damniaid hyn yn darnio'u gilydd,
ac yn affio eilwaith fel nadroedd, ar draws
y tarennydd eirias danheddog, nes peri o
Lucifer iw hên Sawdwyr, Cawri Annwn eu
tynnu oddiwrth eu gilydd, ac ni bu hawdd.
Pan ddiſtawodd y derfyſc dechreuodd y
Pâp *Clement* lefaru, O Empriwr yr Erchy-
llion, ni wnaeth un gadair erioed ffyddlo-
nach a chyffredinach gwaſanaeth i'r Goron
uffernol,

uffernol, nac a wnaeth Efcobion *Rufain*,
tros lawer o'r Byd er's uncant a'r ddeg o
flynyddoedd, Gobeithio na oddefwch i neb
ymgyftadlu â ni am eich ffafr.   Wel', ebr
Scotyn o lwyth *Cromwel*, er maint gwafa-
naeth yr *Alcoran* er's wythcant o flyny-
ddoedd, ac *ofer-goelion y Pâp* er cyn hynny,
etto gwnaeth y *Cofenant* fwy er pan ddaeth
allan.   Ac mae pawb yn dechreu ammeu
a diflafu ar y lleill, ond yr ŷm *ni* etto ar
gynnydd hyd y byd, ac mewn grym yn
Ynys eich Gelynion, fef *Prydain*, ac yn
Llundain y Ddinas ddedwydda fy tan Haul.
Hai, hai, ebr *Lucifer*, os da clywai 'rŷch-
wi yno ar fynd tan gwmmwl chwitheu.
Ond beth bynnac a wnaethoch mewn
teyrnafoedd eraill, ni fynnai mo'ch gwaith
yn cythryblio Nheyrnas i.   Am hynny
gwaftattewch yn frau tan eich perygl o
fwy o boeneu corphorol ac yfprydol.   Ar
y gair, gwelwn lawer o'r Diawliaid, a'r
hôll Ddamniaid yn taro 'u cynffonneu
rhwng eu carneu, ac yn lladratta bawb iw
dwll rhag ofn cyfnewid waeth.   Yna wedi
peri cloi 'r cwbl yn eu llochefau, a chofpi
a newid y Swyddogion diofal a'u gollyn-
gafei hwynt i dorri allan, dychwelodd *Lu-
cifer* a'i Gynghoriaid i'r Brenhinllys, ac ei-
fteddafant eilwaith yn ol eu graddeu ar y
gorfeddfeincieu llôfc: Ac wedi peri gofteg,
a chlirio 'r lle, dyma glamp o Ddiawl yfc-
wyddgam

wyddgam yn gofod cefn llwyth o garcha-
rorion n'wyddion o flaen y Barr. Ai dyma 'r
ffordd i *Baradwys*, ebr un ? Canys ni wy-
ddeint amcan ple 'r oeddynt. Neu os y
Purdan yw yma, ebr un arall, mae gen-
nym ni gynnwyfiad tan law 'r *Pâp* i fynd i
Baradwys yn union, heb aros yn un lle fu-
nyd : am hynny dangofwch i ni 'n ffordd,
onide myñ bawd y Pâp ni a wnawn iddo
'ch cofpi. Ha, ha, ha, he—ebr wythgant
o Ddiawliaid, a *Lucifer* ei hun a wahanodd
ei fcithredd hannerllath i ryw chwerw
chwerthin. Synnodd y lleill wrth hyn ;
ond, ebr un, wele, os collafom y ffordd
yn y tywyll, ni a *dalwn* am ein cyfarwy-
ddo. Ha, ha, ebr *Lucifer*, cewch dalu 'r
ffyrling eitha cyn yr eloch ; (ond erbyn
chwilio, yr oedd pob un wedi gadel ei
glôs ar ei ôl.) Gadawfoch *Baradwys* ar y
llaw chwîth tu ucha i'r Mynyddoedd frŷ,
ebr y Fall, ac er hawfed dyfod i wared
yma, etto nefa i amhoffibl yw myned yn
ôl, gan dywylled a dryfed yw 'r Wlâd, a
maint fy oElltydd heirn tanllyd ar y ffordd,
a Chreigieu dirfawr yn crogi trofodd, a
fplentydd dibyn o rew anhygyrch, ac ym-
bell raiadr ferthgry, fy 'n rhydoft oll i
'mgribinio troftynt oni byddci gennych
ewinedd diawledig o hŷd. Hai, hai, ebr
ef, ewch a'r pembyliaid hyn i 'n *Paradwys*
ni at eu cymeiriaid. Ar hyn, clywn lais
rai 'n

rai 'n dyfod tan dyngu a rhegu 'n greulon,
O Diawl! gwaed Diawl! mil canmil o
Ddiawl! mil myrddiwn o Ddiawl êl a mi
os âf! ac er hynny dyma 'u taflu chwapp
ger bron.   Dyma, ebr y Ceffyl, i chwi
bwn o gyftal tanwydd a'r gore 'n uffern.
Beth ydynt, ebr *Lucifer*, Meiftri y gelfy-
ddyd fonheddigaidd o *dyngu* a *rhegu*, ebr
yntef, Gwŷr a fedr *iaith Uffern* cyftal a
ninneu. Celwydd yn eich gên myn Diawl,
ebr un o honynt.   Syre, a gymerwchwi
f' enw i 'n ofer, ebr y *Fall* fawr?   Hai,
ewch a bechiwch hwy ynghrôg gerfydd
eu tafodeu wrth y clogwyn eirias accw, a
byddwch parod iw gwafanaethu, os Diawl
a alwant, neu os mîl o Ddiawl, hwy a
gânt eu gwala.   Pan aeth y rhain, dyma
Gawr o Gythreul yn gwaeddu am glirio 'r
Barr, ac yn taflu yno lwyth o Wr.   Be'fy
yna, ebr *Lucifer?*   *Tafarnwr,* ebr ynteu.
Pa beth, ebr y Brenin, un Tafarnwr?   Lle
byddeint yn dyfod o fefur chwemil a feith-
mil.   Onid ŷchwi allan er's dêg mhly-
nedd, Syre, ac heb ddwyn i ni ond un?
a hwnnw 'n un a wnaethei i ni chwaneg
o wafanaeth yn y byd na chwi ddrewgi
diog.   'Rŷch chwi 'n rhŷ dêg i'm bwrw
cyn fy ngwrando, ebr ynteu.   Ni roefid
ond hwn yn fy fiars i, ac wel'dyma fi 'n
rhydd oddiwrth hwn.   Ond etto mi yrrais
i chwi o *Dy* hwn lawer *oferwr* wedi yfed
                                    cynhaliaeth

cynhaliaeth ei dylwyth, ymbell *ddifiwr* a
chardiwr, ymbell *dyngwr* tlŵs, ymbell *fo-
lerwr* mwyn *di-falis*, ymbell *wâs diofal*, ym-
bell *forwyn grôch* yn y gegin, a mwynach
na dim yn y Seler neu'r gwely.   Wel, ebr
y Fall fawr, er yr haeddei 'r *Tafarnwr* fod
ymŷfc y *Gwenieithwyr* odditanom ni, etto
âg e'r awron at ei gymeiriaid i gell y
Mwrdwr gwlyb, at lawer o *Botecariaid* a
Gwenwynwyr, am wneud diod i ladd ei cwf-
meiriaid, berwch ynte 'n dda, eifieu iddo
ef ferwi ei gwrw 'n well.   Trwy 'ch cen-
nad, ebr y tafarnwr, tan grynu, ni hae-
ddwn ni ddim o'r fâth beth ; ond rhaid i
trâd fyw ? Ai ni allechwi fyw, ebr y Fall,
heb gynnwys oferedd a chwareuon, put-
teindra meddwdod, llyfon, cwerylon en-
llib a chelwydd ? ac a fynnech chwi hên
ufferngi, fyw bellach yn well na ninneu ?
Ertolwg, pa ddrwg fy gennym ni yma,
nad oedd gennit titheu gartre, ond y *gôfp*
yn unig ?   Ac o ddywedyd i chwi 'r caf-
wir yma, nid oedd y *gwrés* a'r *oerfel* uffer-
nol ddieithr i chwi chwaith.   Oni welfoch
wreichionen o'n *tân ni* yn nhafodeu 'r
Tyngwyr, a'r *Yfcowliaid* wrth geifio 'u Gwŷr
adre.   Onid oedd llawer o'r tân ani-
ffoddadwy ynghêg y *meddwyn*, yn llygad
y *llidiog*, ac yngaflach y *buttein* ? Ac oni
allafech weled peth o'r *oerfel uffernol* yngha-
redigrwydd yr Oferwr, ac yn ficcr yn eich
                                    mwynder

mwynder eich hun tu ac attynt tra phar-
hae ddim ganddynt, yn yfmal'dod y *gwaw-
dwyr*, ynghlôd y *cenfigennus* a'r *athrodwr*, yn
addewidion yr *anllad*, neu ynghoefeu 'r
Cymdeithion da'n fferi tan eich byrddau.
Ai dieithr genniti uffern, a thithe'n cadw
uffern gartre? dôs fflamgi at dy benyd.
Yn hyn dyma ddêg o Gythreuliaid yn bw-
rw eu beichieu ar y llawr tanbaid tan erth-
wch yn aruthr. Be fy gennych yna, ebr
Lucifer? Mae gennym ebr un ô'r ceffyleu
cythreulig, bump o betheu a elwid echdoe
yn *frenhinoedd*. (Edrychais lawer a welwn
i *Lewis* o *Ffrainc* yn un) Teflwch hwy yma,
ebr y brenin; yna taflwyd hwy at y *penneu
coronog* eraill tan draed *Lucifer*. Nefa i'r
brenhinoedd daeth y *gwyr llys* a'r *gweniei-
thwyr* lawer. Bwriwyd y rhain bob un tan
dîn ei frenin ei hun, fel yr oedd y brenin-
oedd tan dineu'r diawliaid, ynghachty
Lucifer. Ond yr oedd rhann o'r bawdy o
tan y Diawliaid *gwaela*, lle'r oedd y *Wit-
fiaid*, fel gynt ar nôs Iau, felly fyth yn
cufanu tineu 'r Ellyllon. Ni chês i fawr
ymorol na chlywn i ganu cyrn prês a
gwaeddi lle! lle! lle! Erbyn aros ychydig
beth oedd ond gyrr o wŷr y *Seffiwn*, a di-
awliaid yn cario cynffonneu chwêch o
Uftufiaid a myrdd o'u fil yn Gyfarthwyr,
Twrneiod, Clarcod, Recordwyr, Bailîaid,
Ceisbyliaid a Checcryn y Cyrtieu. Bu
ryfedd

ryfedd genni na holwyd un o honynt ;
ond deallodd y rhain fynd o'r matter yn
eu herbyn yn rhybell, ac felly ni agorodd
un o'r dadleuwyr dyfcedig mo'i fafn ;
ond *Cecryn y cyrtieu* a ddyweid y rhoe gŵyn
cam-garchariad yn erbyn *Lucifer,* cewch
gwyno trwy achos weithian, ebr y Fall,
a bod fyth heb weled Cwrt a'ch llygaid.
Yn a gwifcodd *Lucifer* ei *gap côch* yntef, ac
â golwg drahausfalch anoddef, ewch ebr ef,
a'r *Uftufiaid* i ftafell *Pontius Pilate* at Meiftr
Bradfhaw a fwriodd y Brenhin *Charls.* Se-
chwch y *Cyfarthwyr* gyda mwrdrwyr Sir
Edmwnt Buwri-Godffri a'u cymmeiriaid dau
eiriog eraill, a gymmeraint arnynt ymra-
faelio a'u gilydd dim ond i gael lladd y
fawl a ddêl rhyngddynt ; ewch ac anner-
chwch y Cyfreithiwr darbodus hwnnw, a
gynnygiodd wrth farw *fîl o bunneu* am *gy-
dwybod dda,* gofynnwch a roe e 'r awron
ddim ychwaneg. Rhoftiwch y *Cyfreithwyr*
wrth eu parfmant a'u papureu eu hunain
oni ddêl eu perfedd dyfcedig allan, ac i
dderbyn y mygdarth hwnnw, crogwch y
Cyrtwyr ceccrys uwch ei ben, a'u ffroeneu 'n
ifa yn y Simneiau rhôft, i edrych a gaffont
fyth lond eu bol o *Gyfraith.* Y *Recordwyr,*
teflwch hwy rwan i fyfc y *Maelwyr,* a fydd
yn attal neu 'n rhagbrynnu 'r ŷd, ac yn ei
gymmyfcu, yna gwerthu 'r ammur yn
nwbl brîs y puryd : felly hwytheu, myn-
nant

COLEG MENAI
BANGOR, GWYNEDD LL57 2TP

nant am *gamm* ddwbl y ffîs a roid gynt am
uniondeb. Am y *Ceisbyliaid*, gedwch hwy
'n rhyddion i bryfetta, ac iw gyrru i'r byd
i geunentydd a pherthi, i ddàl dyledwyr y
Goron uffernol ; oblegid pa'r ddiawl fy o
honoch a wna 'r gwaith well na hwy ? Yn
y man dyma ugain o ddiawliaid fel *Scotfmyn*
a phaccieu traws ar eu hyfcwyddeu, yn
eu defcyn oflaen yr Orfedd ddiobaith, a
pheth oedd ganddynt erbyn gofyn ond *Sip-
fiwn*, ho ! ebr *Lucifer*, pa fodd y gwyddeich
chwi *Ffortun* rhai eraill cyftal, ac heb wy-
bod fod eich Ffortun eich hunain yn eich
tywys i'r fangre hon ? Nid oedd atteb
gair, wedi fynnu weled yma betheu gwr-
thunach na hwy eu hunain. Teflwch
hwy, ebr y Brenin, at y *Witfiaid* i'r cachty
ucha, am fod eu hwynebeu mor debyg i
liw 'r baw. Nid oes yma na *Chathod* na
Chanwylleu-brwyn iddynt, ond gedwch i-
ddynt gael llyffant rhyngddynt unwaith
bôb dengmil o flynyddoedd os byddant di-
ftaw, heb ein byddaru â'u *gibris dy-glibir
dy-glabar*. Yn nefa i'r rhain daeth deby-
gwni ddêg ar hugain o *Lafurwyr*. Synnodd
ar bawb weled cynnifer o'r alwedigaeth o-
neft honno, ac anamled y byddeint yn dy-
fod : ond nid oeddynt o'r un fro, nac am yr
un *beieu*. Rhai am *godi 'r Farchnad*, llawer
am *attal degymmeu* a thwyllo 'r Eglwyfwr
o'i gyfiawnder, eraill am adael eu gwaith i
ddilyn

ddilyn bon'ddigion, ac wrth geifio cydgammu
â rheiny torri eu ffwrch ; rhai am *weithio
ar y Sul,* rhai am ddwyn eu *Defaid a'u Gwar-
theg* yn eu penneu *i'r Eglwys* yn lle yftyried
y Gair, eraill am *ddrwg fargenion.* Pan aeth
Lucifer iw holi, oh ! 'roeddynt oll cyn la-
ned a'r aur, ni wyddei neb arno 'i hun
ddim a haeddei 'r fâth letty. Ni choeliti
rhawg dacclufed efcus oedd gan bôb un
i guddio 'i fai, er eu bod eufys yn Uffern
o'i herwydd, a hynny dim ond o ddryg-
naws i grocfi *Lucifer,* ac i geifio bwrw an-
ghyfiawnder ar y Barnwr cyfion a'u dam-
niafei. Etto bafei rhyfeddach gennit dde-
heued yr oedd y Fall fawr yn dinoethi 'r
briwieu, ac yn atteb eu coeg-efcufion hyd
adref. Ond pan oedd y rhain ar dderbyn
y farn uffernol oll, dyma ddeugain o '*Schol-
heigion* yn dyfod ger bron ar lamhedyddion
o ddiawliaid gwrthunach pettei boffibl na
Lucifer ei hun. A phan glybu 'r Scolhei-
gion y llafurwyr yn ymrefymmu, hwy
ddechreuafant yn hyfach ymefcufodi. Ond,
oh ! barotted yr oedd yr hên Sarph yn eu
hatteb hwytheu, er maint eu dichell a'u
dyfceidiaeth. Eithr gan ddigwydd i mi
weled y cyffelyb ddadleuon mewn Brawdle
arall, mi rôf yno hanes y cwbl tan un ; ac
a fynegaf y rwan it beth a welais nefa 'n y
cyfamfer. Prin y traethafei *Lucifer* y farn
ar y rhain, a'u gyrru am oered eu rhefym-
meu

meu i'r Splent fawr yn *Gwlâd yr Iâ* tragwy-
ddol, a hwythe 'n dechreu rhincian eu
dannedd eufys cyn gweled eu carchar,
dyma Uffern eilwaith yn dechreu dadfei-
nio 'n aruthrol, gan ergydion ofnadwy a
tharaneu crôch rhuadwy, a phob fŵn rhy-
fel ; gwelwn *Lucifer* yn duo ac yn delwi ;
yn y munyd daeth fcithell o ddieflyn
carngam i mewn tan ddyhead a chrynu.
Beth yw 'r matter, ebr *Lucifer?* Y matter
perycla i chwi er pan yw Uffern yn Uffern,
ebr y bach ; mae holl eithafoedd Teyrnas
y tywyllwch wedi torri allan i'ch erbyn, a
phawb yn erbyn eu gilydd, yn enwedig
y fawl oedd â hên 'lanafdra rhyngddynt,
ddant yn nant nad yw boffibl eu tynnu
oddiwrth eu gilydd. Mae 'r *Sawdwyr* ben-
ben a'r *Phyfygwyr* am ddwyn eu trâd *llâdd*;
Mae myrdd o *Logwyr* benben a'r *Cyfreithwyr*
am fynnu rhann o'r trâd *'fpeilio*. Mae 'r
Cweftwyr a'r *Hwndlwyr* ar falu y *bon'ddigion*,
am *dyngu* a *rhegu* heb raid, lle 'r oeddynt
hwy 'n byw wrth y trâd. Mae 'r *Puttei-
niaid* a'i Cymdeithion, a myrddiwn eraill
o hên Geraint a Chyfeillion gynt wedi fyr-
thio allan yn chwilfriw. Ond gwaeth na
dim yw 'r gâd fy rhwng yr hên *Gybyddion*
a'u Plant eu hunain am afradloni 'r da a'r
arian a gofliodd i ni (medd y *Cottiaid*) gryn
boen ar y ddaiar, ac anfeidrol ing *yma*
dros byth : A'r Meibion o'r tu arall yn
rhegu

rhegu ac yn rhwygo 'r cribinwyr yn felltigedig, gan roi eu galanafdra tragwyddol ar eu Tadau, am adel iddynt ugain *gormod* iw gwallcofi o falchder ac oferedd, lle gallafei *ychydig* bâch gyda bendith eu gwneud yn happus yn eu dau fyd; wel', ebr *Lucifer*, digon, digon! rheitiach arfeu na geirieu. Ewch yn ôl, ebr ef, Syre, ac yfpiwch ymhôb gwiliadwriaeth p'le bu 'r efceulufdra mawr hwn, a pheth yw 'r achos: canys mae rhyw ddrygeu allan na wyddys etto. Ymaith â hwnnw ar y gair, ac yn y cyfamfer cododd *Lucifer* a'i Bennaethiaid mewn braw ac arfwyd mawr, a pharodd gafclu 'r byddinoedd dewra o'r Angylion duon, ac wedi eu trefnu cychwynodd ei hun allan ymlaenaf i oftegu 'r gwrthryfel, a'r Pennaethiaid a'u lluoedd hwytheu ffyrdd eraill. Cyn i'r fyddin frenhinol fyned yn neppell fel mêllt hŷd y Fagddu hyll (a ninneu o'u lledol) dyma 'r trwft yn dyfod iw chyfwrdd. Gofteg yn enw 'r Brenin, ebr rhyw fonllefwr cythreulig! Nid oedd dim clywed, haws tynnu 'r hên afanc o'i gafael nac un o'r rhain. Ond pan drawodd hên Sawdwyr profedig *Lucifer* yn ei plîth, dechreuodd y chwyrnu a'r ymdolcio a'r ergydion laryeiddio. Gofteg yn enw *Lucifer*, ebr y crochlefwr eilwaith. Beth ydy 'r matter, ebr y Brenin, a phwy yw y rhain? Attebwyd, nid oes yma ddim

ddim ond darfod yn y cythryfwl cyffredin
i'r *Porthmyn* daro wrth y *Cwcwaldiaid,* a
mynd i ymhyrddio i brofi p'run oedd
gletta 'i *Cyrn:* ac hi allafei fynd yn hên
ymgornio oni bafei ich Cawri corniog
chwitheu daro i mewn. Wel', ebr *Lucifer,*
gan eich bod oll mor barod eich arfeu,
trowch gyda mi i gyftwyo'r Terfyfcwyr
eraill. Ond pan aeth y fi at y Gwrthry-
felwyr eraill, fod *Lucifer* yn dyfod â thair
byddin gorniog i'w herbyn, ceifiodd pawb
iw wâl. Ac felly ymlaen yn ddiwrth-
wyneb yr aeth *Lucifer* hyd y Gwylltoedd
diniftriol, tan holi a chwilio beth oedd
ddechreu 'r cynnwr, heb air fôn. Ond
ymhen ennyd, dyma un o fpiwyr y Bren-
hin wedi dychwelyd ac âi anadl yn ei
wddf, O ! ardderchoccaf *Lucifer,* ebr ef,
mae 'r Twyfog *Moloc* wedi goftegu peth o'r
Gogledd a darnio miloedd ar draws y
Splentydd : Ond mae etto allan dri neu
bedwar o *Ddrygeu* geirwon yn y gwynt.
Pwy ydynt, ebr *Lucifer?* Mae, ebr ef,
Athrodwr, a *Medleiwr,* a *Checryn cyfreithgar,*
wedi torri 'r carcharau a mynd yn rhy-
ddion. Nid oes ynteu ddim rhyfedd, ebr
y Fall fawr pedfafei 'chwaneg o gythryfwl.
Yn hyn, dyma un arall a fafei ar yfpî tuar
Deheu, yn mynegu fod y drŵg yn de-
chreu torri allan yno, oni charcherid *tri*
oedd eufys wedi gyrru pob peth bendra-
mwnwgl

mwnwgl yn y Gorllewin : a'r tri hynny
oedd *Marchoges*, a *Dyfeifiwr*, a *Rhodrefwr*.
Wel', ebr *Satan*, oedd yn fefyll nefa ond
un at *Lucifer*, er pan demtiais i *Adda* o'i
ardd, ni welais etto o'i hîl ef gymmaint o
ddrygeu allan ar unwaith erioed. Mar-
choges, Rhodrefwr a Dyfeifiwr, ac o'r tu
arall Athrodwr, Cyrtiwr a Medleiwr ! dyna
gymmyfc a bair i fil o Ddiawliaid chwydu
eu perfeddeu allan. Nid oes ryfedd, ebr
Lucifer, eu bod mor atcas gan bawb ar y
ddaiar, a hwythe 'n gallu gwneud cym-
maint blinder i ni yma. Gronyn ymlaen,
dyma 'r *Farchoges* fawr yn taro wrth y Bre-
nin yn yngwrth ar ei hynt. Ho ! modryb
ar clôs, ebr rhyw Ddiawl crôch, nof-
da'wch : iè, 'ch modryb, o ba 'r dy, atto-
lwg, ebr hithe 'n ddigllon ? eifieu 'i galw
Madam. Brenin gwŷch ydychwi *Lucifer*,
gadw 'r fâth bembyliaid anfoefol, pechod
fod cymmaint Teyrnas tan un mor anfe-
drus yn ei llywodraethu ; Ona wneid fi,
ebr hi, yn Rhaglaw arni— Yn hyn, dyma
'r *Rhodrefwr* tan bendwmpian yn y tywyll,
Eich gwafanethwr, Syr, meddei fo wrth
un, tros ei yfcwydd— Ychwi 'n iâch la-
wen, wrth y llall— Oes dim gwafanaeth
a'r a allwn i ichwi, wrth y trydydd, tan
gil-wenu 'n goegfall. Mae 'ch glendid yn
fy hudo i, eb ef wrth y Farchoges. Och !
och ! ymaith a'r fflamgi yma, ebr honno,

a

a phob un yn gwaeddi ymaith a'r poenwr
newydd yma ! Uffern ar Uffern yw hwn
Rhwymwch ef a hitheu dinben-drosben,
ebr *Lucifer.* Ymhen ennyd, dyma *Gwmbrys
y Cyrtieu* yn nàl rhwng dau Ddiawl. O
ho ! Angel tangneddyf, ebr *Lucifer,* a ddae-
thofti ! cedwch e'n ddiogel tan eich perygl,
ebr ef, wrth y Swyddogion. Cyn i ni
fynd nemor, dyma 'r *Dyfeifiwr* a'r *Athrodwr*
yn rhwym rhwng deugain o ddiawliaid, ac
yn fiffial ynghluftieu i gilydd. O ardder-
choccaf *Lucifer,* ebr y *Dyfeifiwr,* drwg iawn
genni fod cymmaint cythryfwl yn eich
Teyrnas, ond mi a ddyfcaf i chwi ffordd
well os câ 'i ngwrando, nid rhaid i chwi ond
yn efcus Parliament ddyfyn y Damniaid
oll i 'r *Fallgyrch-eirias,* ac yna peri i'r Diaw-
liaid eu pendifadu bendramwnwgl i *Gêg
Annw'n,* a'u cloi yn y Sugnedd, ac yna
cewch lonydd ganddynt. Wel', ebr *Lu-
cifer,* tan guchio 'n dra-melltigedig, ar y
Dyfeifiwr, mae 'r Medleiwr cyffredin etto 'n
ôl. Erbyn ein dyfod eilwaith i gyntedd y
Llŷs cythreulig, pwy a ddaeth decca i
gyfwrdd y Brenin ond y *Medleiwr.* O fy
Mrenin, ebr ef, mae i mi air â chwi. Mae
i mi un neu ddau â thitheu ondodid, ebr y
Fall. Mi a fûm, ebr ynte, hyd hanner
Deftryw yn edrych pa fodd yr oedd eich
matterion chwi 'n fefyll. Mae gennych
lawer o Swyddogion yn y Dwyrain heb
                                        wneud

wneud affaith ond eiſte 'n lle edrych at
boeni ei carcharorion nau cadw chwaith,
a hynny a barodd y cythryfwl mawr yma.
Heb law hynny, ebr ef, mae llawer o'ch
Diawliaid ac o'ch Damniaid hefyd a yrra-
ſoch i'r byd i demtio, heb ddychwelyd
er darfod eu hamſer, ac eraill wedi dyfod
yn *llechu*, yn lle rhoi cyfri o'u negeſeu.
Yna parodd *Lucifer* iw groch-lefwr gyhoe-
ddi Parliament drachefn, ac ni bu 'r holl
Bennaethiaid a'u Swyddogion dro llaw 'n
ymgyfwrdd i wneud yr eiſteddfod gy-
threulig i fyny eilwaith.   Cynta peth a
wnaed oedd newid Swyddogion a pheri
gwneud lle o amgylch Cêg Annwn i'r *Rho-
dreſwr* a'r *Farchoges* drwyndrwyn, ac i'r ter-
fyſcwyr eraill yn rhwym dinben drosben,
a rhoi allan gyfraith pa ddieflyn nêu goll-
ddyn bynnac a droſeddei ei Swydd rhag-
llaw, y cai ei fwrw yno rhyngddynt hyd
Ddyddfarn.   Wrth y geirieu hyn gwelit
yr holl Erchyllion, iè, *Lucifer* ei hun, yn
crynu ac yn cythruddo.   Neſa peth fu
alw i gyfri rai Diawliaid a rhai Damniaid a
yrraſid i'r byd i hèl Cymdeithion ; a'r
Diawliaid yn dywedyd eu hanes yn dêg :
Ond 'r oedd rhai o'r Damniaid yn glôff yn
eu cyfri, ac a yrrwyd i'r Yſcol boeth, ac
a ſcwrſiwyd â Seirph clymog tanllyd ei-
ſieu dyſcu 'n well.   Dyma fenyw lân pan
ymwiſco hi, ebr Diawl bach, a yrrwyd i
fyny

fyny i'r byd, i hèl i chwi ddeiliaid ger-
fydd eu canoleu, ac i bwy 'r ymgynny-
giei hi ond i ryw weithiwr llafurus yn dy-
fod adre 'n hwyr oi orchwyl, a hwnnw 'n
lle ymdrythyllu gyda hi aeth ar ei linieu i
weddio rhag Diawl a'i Angylion : amfer
arall, hi ai at wr afiachus. Hai, teflwch
hi, ebr *Lucifer*, at y gollferch ddiles honno
a fu 'n caru *Eignion* ab *Gwalchmai* o *Fôn*
gynt. Arhowch, nid yw hwn ond y bai
cyntaf, ebr y feinir ; nid oes etto oddiar
flwyddyn er y diwrnod y darfu amdanai,
pan i'm *damniwyd* i'ch llywodraeth felltige-
dig chwi, Frenin y poeneu ! nac oes etto
mor tair wythnos, ebr y Diawl ai dygafei
hi yno. Am hynny ynteu, ebr hi, pa fodd
y mynnech fi mor hyddyfc a'r Damniaid fy
yma er's trychant neu bumcant o flyny-
ddoedd allan yn fclyfaetha. Os mynnech
gennifi well gwafanaeth, gollyngwch fi i'r
byd etto i roi tro neu ddau 'n ddigerydd ;
ac oni ddygaf i chwi ugain putteinwr am
bôb blwyddyn y bwy allan, rhowch arnai
'r gôfp a fynnoch. Ond f' aeth y ferdit
yn ei herbyn, a barnwyd iddi fod gan-
mlynedd hirion tan gerydd y cofiei hi 'n
well yr ail dro. Yn hyn, dyma Ddiawl
arall yn gwthio *mâb* ger bron ; dyma i
chwi, ebr ef, ddarn o negefwr têg, oedd
ar grwydr hyd ei hên gymdogaeth uchod
y nôs arall, ac a welai leidr yn mynd i
ddwyn

ddwyn Stalwyn, ac ni fedrei gymmaint a
helpu hwnnw i ddàl yr Ebol heb *ymddan-
gos*, a'r lleidryn pan ei gwelodd a ymgroe-
fodd byth wedi. Trwy gennad y Cŵrt,
ebr y Mâb, os cai blentyn y lleidr roddiad
oddiuchod i'm gweled i, a allwn i wrth hyn-
ny ? Ond nid yw hwn ond un, ebr ef ;
nid oes oddiar ganmlynedd er y dydd
diefcor y darfu byth am danai ! a pha fawl
un o'm ceraint a'm cymydogion a hudais i
yma ar fy ôl yn hynny o amfer ? Yn An-
nwn y bwy onid oes gennif gystal 'wllys
i'r Trâd a'r goreu o honoch, ond fe geir
gwall ar y callaf weithieu. Hai, ebr *Lu-
cifer*, bwriwch ef i Yfcol y *Tylwyth-têg*, fy
etto tan y wialen am eu caftieu diriaid
gynt, yn llindagu a bygwth eu cyfnefei-
fiaid, a'u deffroi felly oi diofalwch, canys
gweithie'r dychryn hwnnw 'chwaneg on-
dodid arnynt na deugain o bregetheu. Yn
hyn, dyma bedwar Ceisbwl a Chyhuddwr,
a phymtheg o Ddamniaid yn llufco dau
Gythraul ger bron. Wel, ebr y Cyhuddwr,
rhag i chwi fwrw 'r holl gam-negefwriaeth
ar hîl *Adda*, dyma, eb ef, ddau o'ch hên
Angylion a gamdreuliodd eu hamfer u-
chod cynddrwg a'r ddau o'r blaen. Dyma,
walch ail i hwnnw 'n y *Mwythyg* y dydd
arall, ar ganol Interlud y Doctor *Fauftus*,
â rhai ('n ôl yr arfer) yn godinebu a'u
llygaid, rhai a'u dwylo, eraill yn llunio
cyfarfod

cyfarfod i'r un pwrpas a llawer o betheu
eraill buddiol i'ch Teyrnas ; pan oeddynt
bryfura, ymddangofodd y Diawl ei hun i
chwarae ei bart, ac wrth hynny gyrrodd
bawb oi blefer iw weddieu : Felly hwn
hefyd ar ei hynt hyd y byd, fe glywai rai
'n fôn am fynd i droi o gwmpas yr
Eglwys i weled eu Cariadeu, a pheth a
wnaeth y catffwl ond ymddangos i'r yn-
fydion yn ei lun ei hun gartre ; ac er maint
fu eu dychryn, etto pan gawfant eu côf,
rhoifant ddiofryd oferedd ond hynny : lle
ni bafei raid iddo ond ymrithio ar lun
rhyw fudrogod diffaith, fo 'u tybiafent eu
hunain yn rhwym i gymmeryd y rheiny,
ac yna gallafei 'r ellyll brwnt fod yn ŵr y
tŷ gyda'r ddwylyw, ac ynteu wedi gwneud
y briodas. Ac dyma un arall, ebr ef, aeth
Nôs-Yftwyll ddiweddaf i ymweled â dwy
Ferch ieuanc yn *Nghymru* oedd yn *troi 'r
Cryfeu*, ac yn lle denu 'r Genethod i faf-
wedd yn rhîth Llanc glandeg, mynd âg
Elor i fobreiddio un ; a mynd â *thrwft Rhy-
fel* at y llall mewn corwynt uffernol iw
gyrru o'i chô mhellach nac o'r blaen, ac ni
bafei raid. Ond nid hyn mo'r cwbl, eithr
wedi iddo fynd i'r llances a'i thaflu ai
phoeni 'n dôft, gyrrwyd am rai o'n Gely-
nion dyfcedig, ni i weddio drofti hi, ac
iw fwrw ef allan ; yn lle ei themtio hi i
anobeithio, a cheifio ennill rhai o'r Pre-
gethwyr,

gethwyr, mynd i bregethu iddynt a dad-
cuddio dirgelion eich Teyrnas chwi, ac
felly yn lle rhwyſtro, helpu eu hiechy-
dwriaeth : ar y gair *iechydwriaeth*, gwelwn
rai 'n dychlammu 'n dàn byw o gynddaredd.
Têg pôb chwedl heb wrthyneb, ebr y
dieflyn : Gobeithio na àd *Lucifer* i'r un o
hîl domlyd *Adda* ymgyſtadlu â mi ſy 'n
Angel, llawer uwch fy rhyw a'm bonedd.
Hai, ebr *Lucifer*, bid ſiccr iddo ei gôſp ;
ond Syre, attebwch i'r achwynion yma 'n
bryſur ac yn eglur ; neu myn Deſtryw
diobaith mi wnâ— Mi ddygais yma, ebr
ynte, lawer enaid er pan fu Satan yn Gardd
Eden, ac a ddylwn ddeall fy nhrâd yn well
na 'r Cyhuddwr newydd yma — Gwaed
uffernol bentewyn, ebr *Lucifer*, oni phe-
rais i chwi atteb yn bryſur, ac yn eglur ?
Trwy 'ch gorchymyn, ebr y dieflyn, bûm
ganwaith yn *pregethu*, ac yn gwahardd i
rai amryw o'r ffyrdd ſy 'n arwain i'ch Ter-
fyneu chwi, ac etto 'n ddiſtaw â'r un a-
nadl hyd ryw goeg-lwybr arall, yn eu
dwyn yma 'n ddigon diogel. Fel y gwneu-
thum wrth bregethu 'n ddiweddar yn yr
Ellmyn, ac yn un o ynyſoedd *Fferoe*, ac am-
ryw fanneu eraill. Felly drwy mrhege-
thiad i y daeth llawer o *goelion* y Papiſtiaid,
a'r *hén chwedleu* gynta i'r bŷd, a'r cwbl tan
rîth rhyw *ddaioni*. Canys pwy fyth a
lwnc fâch heb ddim abwyd ? pwy 'rioed

a

a gâdd goel i ſtori oni byddei ryw feſur o
Wir yn gymyſc a'r *Celwydd*, neu beth rhîth
Daioni i gyſcodi 'r *Drwg?* Felly os câfin-
neu wrth bregethu ymŷſc cant o gyngho-
rion cywir a da wthio un o'm heiddo fy
hun, mi wnâf â'r ûn hwnnw, trwy *am-
ryfuſedd* neu *goel-grefydd*, fwy llês i chwi
nac a wnêl y lleill i gŷd fyth ich erbyn,
Wel', ebr *Lucifer*, gan eich bôd cyſtal yn
eich *Pulpyd*, 'rwy 'n d' orchymmyn tros
ſaith mlynedd i ſafn un o bregethwyr y
Scubor, a ddywed y peth a ddêl cynta iw
focheu, yno cei ditheu le i roi gair i mewn
weithieu at dy bwrpas dy hun. Yr oedd
llawer o *Ddiawliaid* ac o *Ddamniaid* ychwa-
neg yn gwau fel mêllt trwy i gilydd o
amgylch yr Orſedd echryſlawn i gyfri ac i
ail dderbyn Swyddeu. Ond yn ſydyn
ddiarwybod, dyma orchymyn i'r hôll ne-
geſyddion a'r carcharorion fynd allan o'r
Llŷs bawb iw dwll, a gado 'r Brenin ai
ben-cynghoriaid yno 'n unic. Ond goreu
i ninne 'n ymadel, ebr fi, wrth fy nghy-
fell, rhag iddynt ein cael. Nid rhaid it
uno'n, eb yr Angel, ni wêl un Yſpryd a-
flan byth trwy 'r *llenn* yma. Felly yno 'r
arhoſaſom yn anweledig i weled beth oedd
y matter. Yna dechreuodd *Lucifer* lefaru 'n
raſlawn wrth ei Gynghoriaid fel hyn. Chwi
'r Prîf-Ddrygau yſprydol, chwi ben *Yſtry-
wieu* Annwfn, eitha 'ch dichellion maleiſgar
wrth

wrth raid yr wy 'n ei ofyn. Nid dieithr i
nêb yma mai *Prydain* a'r Ynyſoedd oi ham-
gylch yw 'r Deyrnas berycla i'm llywo-
draeth i, a llowna o'm Gelynion : A phe
ſy gan gwaeth, mae yno 'r awron Fren-
hines beryclaf oll, heb offio troi unwaith
tu ac yma, nac hyd hên ffordd *Rufain* o'r
naill tu, na chwaith hyd ffordd *Geneva* o'r
tu arall ; a maint llês a wnaeth y Pâp i ni
yno 'n hîr, ac *Olſir* hyd y rwan ! Beth a
wnawn weithian ? Yr wy 'n ofni y collwn
yr hên feddiant a'n marchnad yno 'n glîr,
oni phalmantwn chwippyn ryw ffordd ne-
wydd yn dramwyfa iddynt, canys adwae-
nant yr hôll hên ffyrdd ſy 'n tywys *yma* 'n
rhŷ dda. A chan fod y *Dwrn* anorfod hwn
yn byrrhau nghadwyn, ac yn fy rhwyſtro
i fy hun i'r Ddaiar, eich cyngor pwy a
wnâ'i 'n Rhaglaw tanaf i wrthwynebu 'r
Frenhines atcas accw, Rhaglaw ein Gelyn
ni ? O Empriwr mawr y Tywyllwch, ebr
Cerberus Diawl y *Tybacco*, Myfi ſy 'n rhoi
traean cynhaliaeth y Goron honno ; Myfi
a âf ac a yrraf i chwi ganmil o eneidieu 'ch
Gelynion trwy dwll *pibell*. Wel', ebr *Lu-
cifer*, ti a wnaethoſt i mi waſanaeth digon
da, rhwng peri lladd y perchenogion yn yr
India, a lladd y cymerwyr â glafoerion,
gyrru llawer iw ſegur gludo o dŷ i dŷ,
eraill i ledratta iw gael, a myrdd iw ſerchi
cymhelled nad allent fod ddiwrnod yn eu
hiawn

hiawn bwyll hebddo. Er hyn oll, dôs di
a gwnâ d'oreu, ond nid wyt ti ddim i'r
pwrpas prefennol. Ar hyn eifteddodd
hwnnw, a chododd *Mammon* Diawl yr *A-*
rian, ac â golwg dra-choftog lechwrus ;
Myfi, ebr ef, addangofodd y mwynglawdd
cyntaf i gael *Arian*, ac byth er hynny 'r
wy 'n cael fy moli a'm addoli 'n fwy na
Duw, a Dynion yn rhoi eu poen au pe-
rygl, eu hôll fryd, ei hoffder a'u hyder ar-
na'i : iè, nid oes nêb yn efmwyth eifieu
cael ychwaneg o'm ffafr i, a pha mwya y
gaffont pella fyth oddiwrth orphwyftra nes
dyfod o'r diwedd tan geifio *efmwythyd*, yma
i Wlad y *poeneu* tragwyddol. Pa fawl Cy-
bydd henffel a ddenais i yma hyd lwybrau
toftach nac fy 'n arwain i Deyrnas yr
Happufrwydd ! Os *Ffair*, os *Marchnad*, os
Seffiwn, os *Lecfiwn*, os rhyw Ymgyfwrdd a-
rall, pwy amlach ei ddeiliaid ? pwy fwy
ei allu ai awdurdod na myfi ? tyngu,
rhegu, ymladd, ymgyfreithio, dyfeifio a
thwyllo, ymgurio, ymgribinio, lladd a
lledratta, torri 'r Sul, anudoniaeth, angha-
redigrwydd, a pha nôd du arall, heb law 'r
rhain, fy 'n marcio Dynion at gorlan *Lu-*
cifer, nad oes gennifi law 'n ei roi ? am
hynny y galwyd fi, *Gwreiddyn pob drwg.*
Am hynny os gwêl eich Mawrhydi 'n dda,
Myfi a âf, ebr ef, ac a eifteddodd. Yna
cododd *Apollyon*. Nis gwn i, ebr hwnnw,
beth

beth a'u dŵg *hwy* yma ficcrach na'r peth
ach dûg chwitheu yma, fef *Balchder* ; Os
ceiff hon blannu ei phawl *fŷth* ynddynt
a'u chwyddo nid rhaid uno 'n yr ymoftyn-
gant i godi 'r *groes* nac i fynd trwy 'r porth
cyfyng.   Myfi a âf, ebr ef, gyda 'ch Merch
Balchder, ac a yrraf y *Cymru* tan ucheldre-
mio ar wychder y *Saefon*, a'r *Saefon* tan
ddynwared fioncrwydd y *Ffrancod*, i fyr-
thio yma cyn y gwypont amcan p'le bônt.
Yn nefa cododd *Afmodai* Diawl yr *anlla-
drwydd*, Nid anhyfpys i chwi Frenin ga-
lluoccaf y dyfnder, ebr ef, na chwitheu
Dwyfogion Gwlad Anobaith, faint a len-
wais i o gilfacheu Uffern trwy drythyllwch
a mafwedd.   Beth am yr amfer y cyn-
neuais i'r fath fflamm o drachwant yn yr
holl fyd, oni orfu gyrru 'r Diluw i lanhau
'r Ddaiar oddiwrthynt, ac iw 'fcubo hwy
oll attom ni i'r Tân aniffoddadwy ?   Beth
am *Sodoma* a *Gomorra*, dinafoedd têg a hy-
fryd a lofcais i â thrythyllwch nês i gafod
o Uffern ennyn yn eu trachwanteu uffer-
nol, a'u curo hwy yma 'n fyw i lofci 'n oes
oefoedd ?   A pheth am fyddin fawr yr *Af-
fyriaid* a laddwyd oll mewn unnos o'm a-
chos i ?   *Sara* a fiommais i am faith o Wŷr ;
a *Solomon* y doetha o Ddynion, a llawer
mîl o Frenhinoedd eraill a welliais i â Mer-
ched.   Am hynny, ebr ef, gollyngwch fi
a'r *pechod melus* yma, ac mi a 'nynnaf y
wrei-

wreichionen uffernol yno mor gyffredin
hyd onid êl yn un a'r fflamm aniffodda
dwy hon : Canys odid o un a ddychwel
fyth oddiar fy ol i, i gymeryd gafael yn
llwybreu bywyd ; ar hyn fe eifteddodd.
Yna cododd *Belphegor*, Pennaeth y *Diogi*
ar *Seguryd* ; Myfi, ebr ef, yw Twyfog
mawr y *Syrthni* a'r *Diogi*, mawr fy ngallu
ar fyrdd o bob oed a grâdd o ddynion ;
myfi yw'r merllyn mud lle mâg fil pob
drygeu, lle ceula forod pob pydredd a
fnafedd diniftriol. Beth a deliti, *Afmo-
dai*, na chwithe'r Prif-Ddrygau colledig
eraill hebofi fy'n cadw'r ffeneftri'n agored
i chwi, heb ddim gwiliadwriaeth, modd
y gallochwi fynd i mewn i'r *dyn*, iw ly-
gaid, iw gluft, iw fafn, ac i bôb twll arall
arno pan fynnoch. Myfi a âf ac a'u treig-
laf hwy oll i chwi tros y Dibyn trwy eu
Cŵfc. Yna cododd *Satan* Diawl yr *Húg*,
oedd nefa i *Lucifer* ar ei law chwîth, ac
wedi troi gwep hyllgrech at y Brenin, A-
fraid i mi, ebr ef, yfpyfu fy ngweithre-
doedd iti, Archangel colledig, nac i chwi-
theu Dwyfogion duon y Deftrw : oblegid
y dyrnod cynta 'rioed ar ddyn myfi a'i
tarawodd ; a dyrnod nerthol ydoedd, i
bara'n *farwol* o ddechreu'r byd iw ddi-
wedd. Ai tybed nad allwn i a anrhei-
thiais

thiais yr holl fyd, roi rwan gyngor a wa-
fanaethei am un Ynyfig fechan? ac onid
allwn i a fiommais *Efa* ym *Mbaradwys,*
orchfygu *Ann* ym *Mbrydain*? Os tâl ddim
ddichell naturiol a phrawf gwaftadol er's
pummil o flynnyddoedd, fy nghyngor i
ichwi drwfio 'ch Merch *Rhagrith* i dwyllo
Prydain a'i Brenhines ; ni feddwch chwi
ferch yn y bŷd mor wafanaethgar i chwi
a honno : Mae *hi* 'n llettach ei hawdur-
dod ac yn amlach ei deiliaid na'ch holl
ferchcd eraill.   Ond trwyddi *hi* y fiom-
mais i y Ferch gyntaf? ac byth er hyn-
ny hi arhofodd ac a gynnyddodd yn ddir-
fawr ar y Ddaiar.   Ac yr awron nid yw'r
Byd oll fawr ond un *rhagrith* i gyd trofto.
Ac oni bai gywreindeb *Rhagrith* pa fodd
y cai'r un o honom ddim mafnach mewn
un cwrr o'r bŷd?   O blegid pe gwelent
bechod yn ei *liw* a than ei *henw* 'i hun, pa
ddyn byth a 'i cyffyrddei?   byddei haws
ganddo gofleidio Diawl yn ei lun ai wîfc
uffernol.   Oni bai ei bod *hi* *Rhagrith* yn
medru dieithro *henw* a *natur* pôb *drwg* tan
rîth rhyw *ddâ,* a llyfenwi pôb *daioni* â
rhyw enw *drwg,* ni chyffyrddei ac ni
chwenychei neb ddrwg yn y byd.   Rho-
diwch yr hôll Ddinas ddihenydd, cewch
weled faint yw *hon* ymhôb cwrr.   Dôs i
                                          ftrŷd

ſtrŷd y *Balchder,* ac ymorol am ŵr *trahaus,*
neu am geinhiogwerth o *furſendod* wedi ei
gymyſcu trwy *falchder,* gwae finneu (medd
Rhagrith) nid oes yno ddim o'r fâth
beth ; ac i Ddiawl ddim arall yn yr holl
ſtryd ond yr uchder, Neu gerdd i ſtrŷd
yr *Elw,* a gofyn am dŷ 'r *Cybydd,* ffei nid
oes nêb o'r fâth ynddi ; neu am dŷ'r *Mwr-*
driwr ymŷſc y Phyſygwyr, neu am dŷ'r
carnlleidr ymŷſc y Porthmyn , byddei
cynt it gael carchar am ofyn na chael gan
nêb gyfadde 'i henw. Ie mae Rhagrith
yn ymluſco rhwng dyn a'i galon ei hun,
ac mor gelfydd yn cuddio pôb *camwedd*
tan enw a rhîth rhyw *rinwedd,* oni wnaeth
hi i bawb agos golli eu 'dnabod arnynt eu
hunain. *Cybydd-dod* a eilw hi *Cynnilwch* ;
ac yn ei hiaith *hi* Llawenydd dini*weid* yw
Oferwch ; Bon'*ddigeiddrwydd* yw *balchder* ;
gŵr *ffeſt gwrol* yw'r *traws* ; *Cydymaith* da
yw'r *Meddwyn* ; ac nid yw *godineb* ond
ceſtyn ieuenĉtid : O'r tu arall os coelir *hi* ai
ſcolheigion nid yw'r *duwiol* ond *rhagrith-*
iwr neu *benbwl* ; nid yw'r *llaryaidd* ond
llyfrgi na'r *ſobr* ond *cerlyn* ; ac felly am
bôb camp arall. Gyrrwch *hon,* ebr ef, yn
ei llawn-drwſiad yno, mi a wrantaf y
twylla hi bawb, ac y dalla hi 'r Cyngho-
riaid a'r Milwyr , a'r holl Swyddogion
Gwledig

Gwledig ac Eglwyfig,ac a'u tynn hwy yma
'n finteioedd chwapp a'r *mwgwd fymmudliw*
ar eu llygaid; ac ar hyn yntef a eifteddodd.
Yna cododd *Belzebub* Diawl yr *anyftyriaeth*,
ac â llais garwgry rhuadwy, Myfi, ebr ef,
yw Twyfog mawr y *Syndod,* Myfi a pieu
rhwyftro i ddyn *yftyried* a chonfidrio'i ftât.
Myfi yw Pennaeth y *gwybed* taerddrwg u-
ffernol fy 'n penfyfrdanu dynion, wrth eu
cadw fyth a hefyd mewn rhyw ddwned
gwaftadol ynghylch eu meddianneu neu
eu plefereu, heb adel iddynt om bodd fyth
funyd o *hamdden* i feddwl am eu ffyrdd
na'u diwedd. Ni wiw i'r un o honoch ym-
gyftadlu â mi am orcheftion buddiol i Deyr-
nas y tywyllwch. Canys beth yw *Tobacco*
ond un o'm harfeu gwaelaf i, i ddwyn *fyn-
dod* i'r ymennydd ? A pheth yw Teyrnas
Mammon, ond cainc o'm llywodraeth fawr
i ? Ie pe dattodwn i y rhwymau fy gennif
ar ddeiliaid *Mammon* a *Balchder,* ie ac ar
ddeiliaid *Afmodai, Belphegor* a *Rhagrith,* nid
arhoe ddyn funyd hwy tan reolaeth un o
honnynt. Am hynny ebr ef, Myfi a wna'r
gwaith neu na fonnied un o honochwi fyth.
Yna cododd *Lucifer* fawr ei hun o'i Ga-
dair eirias, ac wedi troi wyneb hygar
(neu hagr) o'r ddeutu, Chwi brif Yfpry-
dion Hirnos, Pennaethiaid y ddichell
　　　　　　　　　　　　　ddiobaith,

ddiobaith, ebr ef ; Er nad yw 'r *Fagddu
fawr* a Gwylltoedd Deſtryw rwymediccach
i nêb am ei thrigolion nac i'm brenhinol
oruchelder fy hunan, canys myfi gynt, ei-
ſieu gallu tynnu 'r Hollalluog o'i feddiant,
a dynnais fyrddiwn o honochwi f' Angy-
lion duon gyda 'm cynffon i'r Erchyllfa
aneſcor hon ; ac wedi a dynnais fyrddiwn
o Ddynion attoch, i gael rhan o'r byd ſy
yma. Etto nid oes wâd na wnaethoch
chwithe 'ch rhann oll at gynnal a chynny-
ddu 'r Ymerodraeth fawr uffernol hon.
Yna dechreuodd *Lucifer* eu hatteb o un i
un. Ac, ebr ef, o un o godiad diweddar,
ni wada'i na ddygaiſti, *Cerberus,* i ni lawer
yſclyfaeth yn Ynys y Gelynion, o achos y
Tobacco, rhwng ſy o dwyll yn ei gludo, yn
ei gymyſcu, ac yn ei bwyſo, ac y mae e 'n
ei ddenu i lymmeitian Cwrw, ac eraill i
dyngu, rhegu a gwenieithio iw gael, eraill
i ddywedyd Celwydd iw wadu, heb law 'r
afiechyd ſy ynddo i amryw gyrph, a gor-
modedd yn niweidiol i bob corph, heb ſôn
am yr ....aid. A phe ſy well, mae myrdd
o *dlodion,* na chaem ni oni bai hynny mo'u
cyffwrdd, yn ſoddi yma wrth roi pwys eu
ſerch ar y *Tobeccyn,* a gadel iddo 'u *meiſtroli*
i dynnu 'r Bara o Safneu eu Plant. Ac yn
neſa mrawd *Mammon,* mae 'ch gallu chwi
mor gyffredin a hyſpys hefyd ar y Ddaiar,
a'i mynd hi 'n ddihareb, *ceir pob peth am
Arian.*

Arian. A diammeu, ebr ef, gan droi at *Apollyon*, fod f'anwyl Ferch *Balchder* yn dra buddiol i ni, canys beth fy, nac a all ddry- gu Dyn fwy yn ei ftâd, ei gorph, ai enaid, na'r *'piniwn balch yftyfnig* hwnnw a wnâ i Ddyn waftraffu *canpunt* yn hytrach na phly- gu i roi *Coron* am heddwch. Mai *hi* 'n eu cadw hwy mor warfyth a'u golwg mor ddyfal ar uchelbetheu oni bo digrif eu gweled, wrth dremio ac ymgyrraedd a'r Awyr, yn fyrthio chwapp i eigion Uffern. Chwitheu *Afmodai*, mae 'n gôf gennym oll eich gwafanaeth mawr chwi gynt, nid oes neb lewach am gadw 'i Garcharorion tan glô, na nêb mor ddigerydd a chwi ; nid oes ond chwerthin tippyn am ben *ceftyn anllad* : Ond bu agos i ti a thrigo o newyn yno 'r blynyddoedd drudion diweddar. Ond fy Mâb *Belphegor* Pennaeth pryfedog y *Diogi*, ni wnaeth nêb i ni fwy plefer na chwi, mawr iawn yw 'ch awdurdod ymŷfc y bon'ddigion a'r Gwrêng hefyd, hyd at y cardottyn. Ac oni bai gywreindeb fy Merch *Rhagrith* yn lliwio ac yn amwifco, pwy fyth a lyncei un o'n bacheu ni ? Ond wedi 'r cwbl oni bai ddyfal lewdid fy mrawd *Belzebub* yn cadw Dynion mewn *fyndod anyftyriol* ni thaleich chwi oll ddraen. Weithian, ebr ef, ail-grynhown y cwbl. Beth a deliti *Cerberus* a'th *fygyn* tramor, oni bai fod *Mammon* yn d'achlefu. Pa Farfian-
dwr

dwr fyth a gyrchei dy ddeiliach trwy gym-
maint perygl o'r *India*, oni bai o ran *Mam-
mon?* ac ond oi achos *ef*, pa Frenin a'i der-
byniei yn enwedig i *Brydain?* A phwy
ond o rann *Mammon* a'i cludei i bob cwrr
o'r Deyrnas? Er hynny beth a delititheu,
Mammon heb *Falchder* i'th waftraffu ar Dai
têg, Dillad gwychion, Cyfreithieu afraid,
Gerddi a Meirch a pherthynafeu drudfawr,
Dyfcleu aml, Bîr a Chwrw 'n genlli uwch
law *gallu* a *grâdd* y perchennog; canys ped
arferid Arian o fewn terfyneu *angenrhaid*, a
gweddeidd-dra cymmefurol, pa lês a wnai
Mammon i ni? felly ni theli ditheu ddim
heb *Falchder*. Ac ychydig a dalei *Falchder*
heb *Anlladrwydd*, oblegid Baftardiaid yw
'r deiliaid amla a ffyrnicca a fedd fy Merch
Balchder yn y byd. Chwitheu, *Afmodai*,
Pennaeth *Anlladrwydd*, beth a dalech oni
bai *Ddiogi* a Seguryd, p'le caech letty nof-
waith? nid oedd wiw i chwi ddifgwyl
gan un gweithiwr na ftudiwr llafurus.
Titheu *Belphegor* y Diogi, pwy gan gywi-
lydd a gwarth a'th groefawai fyth funud
oni bai *Ragrith*, fy 'n cuddio dy wrthuni
tan enw *afiechyd oddimewn*, neu fod yn
bwrpafwr da, neu tan rîth *dibrifio golud* a'r
cyffelyb. Hitheu f'annwyl Ferch *Rhagrith*,
beth a dâl nac a dalafei hi 'rioed, er cyw-
reinied gwniadyddes a glewed yw, oni bai
'ch help chwi fy mrawd hynaf *Belzebub*,

Twyfog

Twyfog mawr y *Penfyfrdandod*; pe gadawei
hwn lonydd a hamdden i bobl i *ddwys-*
yſtyried natur petheu a'u gwahaniaeth, pa
dro byddeint yn fpio tylleu yn nyblygion
eurwifc *Rhagrith*, ac yn gweled y bacheu
trwy'r abwyd? Pa ŵr yn ei gô a heliei
deganeu a phlefereu darfodedig, fwrffedig,
ffol a gwradwyddus, a'u dewis o flaen *he-*
ddwch Cydwybod, a *hyfrydwch Tragywyddoldeb*
ogoneddus? Pwy a rufiei odde 'i ferthyru
am ei ffydd tros awr neu ddiwrnod, neu ei
gyftuddio ddeugain neu driugain mlynedd,
ped yftyriei fod ei Gym'dogion yma 'n
diodde mewn awr fwy nac all ef odde ar y
Ddaiar fyth? Nid yw *Tobacco* ynteu ddim
heb *Arian*, nac Arian heb *Falchder*, na
Balchder ond egwan heb *Anlladrwydd*, nac
Anlladrwydd ddim heb *Ddiogi*, na Diogi
heb *Ragrith*, na Rhagrith heb *Anyftyriaeth*.
Weithian, ebr *Lucifer*, ac a gododd ei gar-
neu cythreulig ar y garnwinedd, i draethu
fy meddwl inneu fy hunan; Er daed y
rhain oll, mae gennifi *gyfeill* fy well at yr
Elynes *Prydain* na'r cwbl. Yma gwelwn
yr holl brif-gythreuliaid a'u cegeu tra-
erchyll yn egored ar *Lucifer*, i ddifgwyl
beth boffibl a allei hwn fod, a minneu cyn
rhywired genni glywed a hwytheu. *Un*,
ebr *Lucifer*, y bûm i 'n rhŷ hîr heb yftyried
ei haeddiant hi, fel dithe *Satan* gynt wrth
demtio *Jôb* yn troi 'r ty hagr fel ffŵl. Hon
fy

fy Nghares yr wy'nawr yn ei hordeinio 'n
Rhaglaw ar holl achofion fy llywodraeth
ddaiarol yn nefa'attaf fy hun, hi a elwir
Hawddfyd ; *Hon* a ddamniodd fwy o Ddy-
nion na chwi i gŷd, ac ychydig a dalechwi
oll hebddi *hi*. Canys mewn *Rhyfel*, neu
Berygl, neu *Newyn*, neu *Glefyd*, pwy a brifia
mewn na *Thobacco*, nac *Arian* na hoewdra
Balchder, nac a feiddia feddwl am groefawu
nac *Anlladrwydd* na *Diogi?* ac mae Dynion
yn y cyfyngoedd hynny 'n rhŷ effro i
gymryd eu pendifadu gan *Ragrith* nac *Any-
ftyriaeth* chwaith : ni lefys un o'r uffernol
wybed y Syndod ddangos ei bîg ar un o'r
Stormoedd hyn. Eithr *Hawddfyd* efmwyth-
glyd yw'ch Mammaeth chwi oll : yn ei
chyfcod tawel, ac yn ei monwes hoewal
hi y megir chwi oll, a phob pryfed uffernol
eraill yn y Gydwybod, a ddaw i gnoi eu
perchen *yma* byth heb orphwys.   Tra-
bydder *efmwyth*, nid oes fôn ond am ryw
ddigrifwch, gwleddoedd, bargeinion, a-
cheu, ftoriâu, newyddion a'r cyffelyb; ni
fonir am *Dduw* oddieithr mewn ofer lyfon
a rhegfeydd, lle mae'r *tlawd* a'r *clâ*, &c.
â Duw 'n ei eneu ac yn ei galon bôb mu-
nyd.   Ewch chwithe 'ch faith ynghynffon
hon, a chedwch bawb yn ei hûn ai he-
ddwch, mewn llwyddiant ac efmwythyd,
a llawnder a diofalwch ; ac yno cewch we-
led y tlawd goneft yn mynd yn garl trowf-
falch

falch anhyweth, pan gynta 'r yfo o *hudol-gwppan Hawddfyd* ; cewch weled y llafurwr diwyd yn troi 'n llefarwr diofal yfmala ; a phôb peth arall wrth eich bodd. Oblegid *Hawddfyd* hyfryd yw cais a chariad pawb ; hitheu ni chlyw gyngor, nid ofna gerydd ; os da nid edwyn, os drwg hi a'i meithrin. *Hon* yw 'r brif-brofedigaeth, y Dyn a ymgadwo rhag ei Swynion mwynion *hi*, gellwch daflu 'ch Cap iddo, ffarwel i ni byth am gwmnhi hwnnw. *Hawddfyd* ynteu yw fy *Rhaglaw* ddaiarol i, dilynwch *hon* i *Brydain*, ac ufuddhewch iddi, megis i'n Brenhinol Oruchelder ni 'n hunain. Ar hyn gwyntiwyd y fôllt fawr a thrawyd *Lucifer* ai Ben-cynghoriaid i Sugnedd *Uffern eitha*, ac och fyth erwined oedd weled *Cêg Annwn* yn ymagor iw derbyn. Wel', eb yr Angel, weithian ni a ddychwelwn : Ond ni welaifti etto ddim wrth y *cwbl* fydd o fewn cyffinieu *Deftryw*, a phe gwelfit y cwbl, nid yw hynny etto ddim wrth fy o drueni anrhaethawl yn *Annw'n*, canys nid yw boffibl bwrw *amcan* ar y Byd fy 'n *Uffern-eitha*. A chyda'r gair, f' a'm cippiodd yr Eryr nefol fi i entrych y Fagddu felltigedig ffordd na's gwelfwn, lle cês o'r Llŷs hyd holl ffurfafen y *Deftryw* duboeth, a holl *Dir Ango* hyd at gaereu 'r *Ddinas ddihenydd* lawn olwg ar yr anfad anghenfil o *Gawres* y gwelfwn ei thraed hi o'r blaen.
Ac

Ac nis meddai mo'r geirieu i ddadcan ei
moddion hi. Ond mi fedraf ddywedyd
iti mai *Cawres dri-wynebog* oedd hi, un wy-
neb tra fceler at y *Nefoedd*, yn cyfarth, yn
chwyrnu ac yn chwydu ffieidd-dra mellti-
gedig tu ac at y Brenhin nefol, wyneb a-
rall têg tu a'r *Ddaiar*, i ddenu Dynion i a-
ros yn ei chyfcod, a'r wyneb anaelef arall
at *Annwn* iw poeni byth bythoedd. Mae hi
'n fwy na'r Ddaiar oll, ac yn cynnyddu
etto beunydd, ac yn gan erchyllach na holl
Uffern; Hi a barodd wneud Uffern, ac
fy 'n ei llenwi hi â thrigolion. Pe ceid
hon o Uffern f' ai Annwn yn Baradwys:
A phe ceid hi o'r Ddaiar, fe a'i 'r Byd bâch
yn Nêf; a phe cai hitheu fynd i'r Nef, hi
a droe 'r Gwynfyd yn Uffern eitha. Nid
oes dim yn y bydoedd oll (ond *hon*) nad
Duw a'i gwnaeth. Hon yw Mamm y pe-
dair Hudoles ddihenydd, hon yw Mamm
Angeu, a hon yw Mamm pob *drygioni* a
thrueni; a chanddi gràp ofnadwy ar bob
Dyn byw. Hi a elwir P E C H O D. *Y*
fawl a ddiango o'i bacheu hi gwyn ei fyd
fyth, eb yr Angel. Ar hyn fe ymadawodd,
a chlywn ei adlais e'n dywedyd, '*Scrifenna*
'*r hyn a welaift, a'r fawl ai darllenno 'n y-*
ftyriol, ni fydd byth edifar ganddo.

Ar

Ar y Dôn a elwir Heavy-Heart, *neu* Trom-Galon.

1.

TRom *yw'r* Galon *tramwy'r* Gwaelod,
   A gweled peth o Fro'r Erchylldod,
Gweled Diawliaid *a* Chollddynion
Yn eu cartre tra echryslon ;
  Gweled diwedd Llwybreu gwyrgam,
    Llynn echrysfflam,
   Twll diadlam
      ddryglam ddreigle :
  Yr ail olwg fi ni fynnwn
   Er bydoedd fyrddiwn,
   Er nad oeddwn
     yn eu diodde.

2.

Trom *yw'r* Galon *tra mae 'r golwg*
Etto yn fy nghô mor amlwg,
Gweled lluoedd o'm cydnabod
Yn foddi yno chwapp heb wybod ;

Ddoe

Ddoe yn Ddyn *a heddyw* 'n faĺlgi,
   Yn pryſur ddenu
   Bawb i 'n ynnu
      bob yn enaid:
Ac wedi mynd yn ddiawl uffernlith,
   O'r un hyllrith
   Ac athrylith
      a'r Cythreuliaid.

3.

Trom *yw* 'r Galon *tremio*'r Gwely
Lle'r eir o ddàl i wirfodd bechu;
Pa ddirmyg fyth a gwarth yſcethrin,
Sy yno ar Fonedd a chyffredin!
   Dadcan hylldod y coll-benneu,
      Neu un o'r poeneu
      Dir eu godde
         yn dragwyddawl,
   Nis medra i, ni choelit titheu,
      Ni cheir geirieu,
      Mae'r Lle *a'r* Rhithieu
         yn anrhaethawl.

4.

Trom *yw* 'r Galon *trwm y gwelir*
Golli Câr *neu* Gyfaill *cywir;*
Colli *Da, neu* Dir, *neu* Rydd dyd,
Neu golli 'r Geirda, *och neu* Iechyd;

                              Colli

Colli Llonydd *a* Diofalwch,
  Neu golli Heddwch,
  A phob dyfyrrwch
    Daiar farwol ;
Colli Cô *neu* Râs *tros encyd*
  Sy Drymder embyd,
  Yn fwrn ennyd
    fawr anianol.

5.

Trom *yw'r* Galon (*tramawr golyn* !)
A fo'n dechre 'mwrando â dychryn,
Ac â baich ei gorthrwm bechod
Gan daer-ofidus geifio cymmod ;
  Cael blâs oer ar bôb plefereu,
    Gan ddolurieu
    Tyft y brycheu,
      tôft brawychus,
  Cydwybod *glâ mewn gwewyr efcawr*
    Ar ddyn newyddfawr
    I lwyr ddiniftriaw'r
      henddyn *aftrus*.

6.

Trom *yw' r* Galon *wraidd oreu*
Pan fo ar ei Gwely-Angeu ;
Tan arteithieu corph ac yfpryd
Rhwng y Fuchedd *a'r* Afiechyd ;

             Dirfawr

Dirfawr ing, ac ofni chwaneg,
  Byth heb attreg,
  Trom yw'r adeg
    tramawr Odfa!
Teimlo eitha'r Bydan *hudol;*
  A'r Byd tragwyddol,
  Mawr dieithrol
    ar y wartha.

7.

Trom *yw'r* Galon *tan un gowled,*
O'r *hôll Drymdereu hyn a henwed;*
Ond *pettynt oll yn un Torr-gwmmwl,*
Mae *etto* Drymder *mwy na'r cwbwl:*
  Mae gobaith efcor pob Trymdereu
    Tu yma i'r Caereu,
    A'r naill tu i Angeu
      hôllt diangol:
  Ond un Trymder *tu'wnt ir* Amdo,
    Gwae a'i caffo!
    Nis ceir obeithio
      efcor bythol.

8.

Trom *yw'r* Galon *donn êl dano;*
(Och drymmed genni gip o'i atco!)
Yfcafnderau *dylid alw*
Pob trymderau oll wrth hwnnw:

r Trym-

Y Trymder *hwn di-ſwn yſywaeth*
Yw Damnedigaeth
At Lu diffaeth
    i Wlâd Uffern,
Pan wêl Dyn ddarfod fyth am dano,
   Ac euſys yno
   Yn drwg-ieithio
      gyda'r Gethern.

9.

Na chwyna dithe 'r dim a'th flino
Oſwyt heb fynd i Uffern etto,
Etto dyro drô 'n dy feddwl
Yno 'n fynych ac yn fanwl:
  Dwys yſtyrio 'r Pwll *echryſlym,*
   Ar Byth *ſy nghenglyn,*
   A'th dry 'n ſydyn
     dan arſwydo ;
  Mynych gofio 'r Fagddu danbaid,
   Trwy G R I S T unblaid
   A geidw d' Enaid
     rhag mynd yno.   *Amen.*

Diwedd y Rhann Gyntaf.

COLEG MENAI
BANGOR, GWYNEDD LL57 2TP

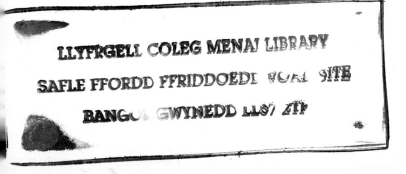

LLYFRGELL COLEG MENAI LIBRARY

SAFLE FFORDD FFRIDDOEDD ROAD SITE

BANGOR GWYNEDD LL57 2TP